Teoria e Prática

Conferências de Grupos Familiares

Série Da Reflexão à Ação

Allan MacRae
Howard Zehr

Conferências de Grupos Familiares
Modelo da Nova Zelândia

Tradução
Fátima de Bastiani

Revisão técnica
Tônia Van Acker

Título original: *The Little Book of Family Group Conferences – New Zealand Style*
Copyright © 2004 by Good Books, Intercourse, PA 17534

Grafia segundo o Acordo Ortográfico da Língua Portuguesa de 1990, que entrou em vigor no Brasil em 2009.

Coordenação Editorial: Lia Diskin
Revisão técnica: Tônia Van Acker
Preparação de texto: Lídia La Marck
Revisão de provas: Rejane Moura
Capa e Projeto Gráfico: Vera Rosenthal
Arte final: Jonas Gonçalves
Produção e Diagramação: Tony Rodrigues

Dados Internacionais de Catalogação na Publicação (CIP)
(Câmara Brasileira do Livro, SP, Brasil)

MacRae, Allan
    Conferências de Grupos Familiares: modelo da Nova Zelândia / Allan MacRae, Howard Zehr ; tradução Fátima de Bastiani ; revisão técnica Tônia Van Acker. – São Paulo: Palas Athena, 2020. – (Série da reflexão à ação).

Título original: *The little book of family group conferences: New Zealand Style*

ISBN 978-65-86864-02-1

1. Adolescentes infratores – Reabilitação – Nova Zelândia 2. Justiça restaurativa – Nova Zelândia 3. Organização judiciária juvenil – Nova Zelândia 4. Serviços para vítimas de crimes – Nova Zelândia I. Zehr, Howard. II. Acker, Tônia Van. III. Título IV. Série.

20-36268   CDD-364.360993

Índices para catálogo sistemático:

1. Conferências de Grupos Familiares: Justiça restaurativa:
Nova Zelândia: Problemas sociais   364.360993

1ª edição, junho de 2020

Todos os direitos reservados e protegidos
pela Lei 9610 de 19 de fevereiro de 1998.

É proibida a reprodução total ou parcial, por quaisquer meios,
sem a autorização prévia, por escrito, da Editora.

Direitos adquiridos para a língua portuguesa por Palas Athena Editora
Alameda Lorena, 355 – Jardim Paulista
01424-001– São Paulo, SP – Brasil
Fone (11) 3050-6188
www.palasathena.org.br
editora@palasathena.org.br

Conteúdo

1. **Introdução** 3
   Uma história 3
   Sobre este livro 7

2. **Visão Geral** 11
   A Conferência 13
   O sistema 15

3. **Prática Baseada em Princípios** 19
   Sete objetivos 19
   Sete princípios norteadores 21

4. **Organizando uma Conferência de Grupos Familiares** 27
   O papel do coordenador 27
   Os participantes da Conferência 30
   Preparação 32
   Trabalhando com as vítimas 34
   O trabalho com o ofensor e a família 38
   A Conferência 40
   O plano 54
   A família extensa 57

5. **Para além da Conferência de Grupo Familiar**....61
   A conferência das Conferências..........................62
   Uma história..68

Leituras Selecionadas..71

Agradecimentos..73

Apêndices: Pesquisa e Estatísticas......................75
   Pesquisa nacional...75
   Benefícios das Conferências de Grupos Familiares......77
   Modelo de proposta para abordar grupos de pares.....79
   Tipos de Conferências de Grupos Familiares
   na Nova Zelândia..81

Posfácio à edição brasileira...............................84

Sobre os Autores..89

1

INTRODUÇÃO

UMA HISTÓRIA – MAS, ANTES, ALGUMAS REFLEXÕES PESSOAIS

Allan MacRae

Fico tomado de emoção ao refletir sobre as Conferências de Grupos Familiares que facilitei. Isto porque testemunhei muito sofrimento mas, principalmente, presenciei impressionantes processos de cura e perdão.

Tendo conduzido mais de mil Conferências de Grupos Familiares, inúmeras vezes me perguntei como alguém pode causar tanto sofrimento a outrem. Quando facilito conferências em que o ofensor ouve a respeito do impacto de seu crime sobre as vítimas e suas famílias, a resposta fica clara: até mesmo nos casos em que há violência verbal nos encontros entre vítima e ofensor, estes raramente se dão conta do trauma que infligiram. Simplesmente não entendem a dificuldade que as vítimas têm de seguir adiante, reparar e recuperar suas vidas.

Acabei acreditando nas Conferências de Grupos Familiares porque vi os infratores tendo que encarar o impacto que tiveram sobre os outros. Presenciei a transformação que acontece quando eles reconhecem a dor que causaram, e se esforçam para corrigir o que podem e assumir responsabilidade pelo que não podem consertar através de alguma forma de compensação ou pedido de desculpas.

A história que segue é de um adolescente de 16 anos de idade que foi acusado de estupro, perpetrado três vezes contra a mesma vítima, uma menina de 13 anos de idade. Essa história demonstra como as Conferências podem lidar com casos graves e complicados – e o poder da prática baseada em princípios.

Como acontece com frequência, o ofensor – vou chamá-lo de Roberto – tinha sido vítima de pedófilos desde os cinco anos de idade. A mãe dele o levava a encontros de pedófilos e participava das atividades. Em resumo, ele era um menino que não tinha experiência de limites sexuais apropriados.

Joanna, sua vítima, também já fora violada anteriormente. Vítima de incesto, encontrou uma única maneira de sobreviver. Quando atacada, ela se desligava da realidade e protegia-se deixando sua mente "escapar" de seu corpo na medida do possível.

Roberto e Joanna acabaram morando no mesmo centro de acolhimento enquanto as autoridades elaboravam planos de longo prazo para seu cuidado. Não demorou para que Roberto procurasse Joanna no quarto dela. Quando a assediava sexualmente, Joanna reagia do único jeito que conseguia: ela se dissociava. Não tendo sido rejeitado física ou verbalmente, Roberto voltou ao quarto dela mais duas vezes, embora estivesse claro que em momento algum ela o incentivara.

Quando visitei Joanna para lhe explicar seus direitos, o fiz na presença e com o apoio de sua cuidadora e de sua assistente social. Após tomar conhecimento de seus direitos, ela disse que queria participar da Conferência, mas não queria estar na mesma sala que o ofensor. Organizei a Conferência de tal modo que esta acontecesse em uma sala, enquanto Joanna ficaria na sala ao lado acompanhando por vídeo. Sugeri que ela poderia enviar uma representante à sala da Conferência, e esta falaria com o ofensor em nome dela. Joanna propôs que sua cuidadora a representasse enquanto ela observava de fora, junto com a assistente social.

O processo se prolongou por duas noites. Fornecemos muitas informações aos participantes da Conferência a fim de prepará-los para as muitas decisões que precisariam tomar. Durante os encontros, Joanna escreveu três cartas impactantes, que sua representante leu para os participantes da Conferência. Na primeira carta, questionou Roberto diretamente, dizendo que ele não estava assumindo suficiente responsabilidade pelo que acontecera. Como resultado, Roberto pediu desculpas e assumiu toda a responsabilidade. Na segunda carta ela disse que não queria que Roberto perdesse seu emprego, pois queria que pagasse pelas aulas de autodefesa que ela queria fazer. Na terceira carta, expressou a preocupação de que não queria esbarrar com ele enquanto estivesse nos primeiros estágios de recuperação. Não queria que frequentasse as áreas em que ela morava e recebia visitas, incluindo os lugares onde se divertia às sextas-feiras e sábados à noite, mesmo que sob escolta.

A Conferência elaborou um plano que atendeu todas as solicitações de Joanna. Roberto não perderia seu emprego, mas não teria permissão para deixar o local de trabalho sob justificativa alguma, a menos que fosse escoltado. Ele seria acompanhado por alguém todos os dias na ida e na volta do trabalho.

O plano estabeleceu que ele ficaria sob supervisão 24 horas por dia, até que completasse o programa para autores de crimes sexuais. Foram atendidas todas as condições que Joanna solicitara, inclusive a supervisão 24 horas por pelo menos seis meses antes da liberdade provisória. Isso significa que Roberto poderia ser preso imediatamente se fosse pego desobedecendo as condições da manutenção da liberdade provisória. O plano previa que Roberto seria colocado sob a guarda do Diretor Geral da Assistência Social até completar dezenove anos de idade. Os policiais, diante disso, concordaram que as acusações seriam modificadas para abuso sexual, uma acusação mais leve do que estupro na legislação da Nova Zelândia.

Em resumo, a Conferência desenvolveu um plano que atendeu às necessidades da vítima e colocou o ofensor em um programa de longo prazo para minimizar os riscos à comunidade a curto e longo prazo. O ofensor foi responsabilizado e suas despesas legais foram minimizadas. No dia seguinte à Conferência, telefonei para a cuidadora para saber como Joanna estava. A cuidadora informou: "É absolutamente surpreendente. Quando chegamos em casa ontem à noite, Joanna passou pela porta de entrada e disse 'Eu não preciso mais usar este casaco'. Ela deixou o casaco deslizar pelos ombros e cair no chão. Joanna usava sempre aquele casaco, desde que havia sido abusada. No dia seguinte à Conferência, a qualidade de sua presença estava diferente do que jamais tinha visto. Parecia que um peso enorme tinha sido levantado de seus ombros, ela sorria e parecia cheia de energia".

Roberto cumpriu todas as suas obrigações, inclusive deu à polícia uma amostra de seu DNA e pagou pelas aulas de autodefesa de Joanna. Ficou sob supervisão e completou o plano a longo prazo aos cuidados e sob a proteção da Secretaria de Assistência Social. Encarou o fato de que não tem o direito de violar os outros, e ao mesmo tempo reconheceu que precisava de ajuda para viver de maneira positiva e com sucesso dentro da comunidade.

Esse plano estabeleceu novos limites. No sistema tradicional, o rapaz seria mandado para a prisão. E isso possivelmente o teria levado a cometer mais crimes no futuro, destruindo, por fim, qualquer esperança de poder viver bem em comunidade. As determinações da Conferência desse caso foram tão revolucionárias que a polícia não queria assumir sozinha a responsabilidade por ele. Queriam que um juiz assumisse esse encargo. A juíza competente concordou e jamais teve qualquer razão para se arrepender disso.

Ao final dos primeiros seis meses, o processo de Roberto na Vara da Juventude foi extinto porque ele havia cumprido seu acordo com sucesso. Joanna, embora com apenas treze anos de idade, mostrou-se uma pessoa muito forte que usou a Conferência para atender suas próprias necessidades de cura.

Por meio desse caso, aprendi que até as vítimas muito jovens precisam ter sua voz ouvida, e que a superproteção pode ser desempoderadora. Uma pessoa jovem como Joanna é capaz de saber do que precisa para seu bem-estar, e desse modo pode iniciar sua jornada de cura por meio do processo da Conferência.

SOBRE ESTE LIVRO
Allan MacRae e Howard Zehr

Como mostra a história acima, na Nova Zelândia, as Conferências de Grupos Familiares são a primeira instância para tratar de casos graves envolvendo adolescentes, bem como casos referentes ao bem-estar das crianças. Este livro é sobre o processo de tomada de decisão no âmbito da Justiça Juvenil, sobre as próprias Conferências (conhecidas como CGF), mas também trata do sistema de justiça juvenil que foi construído em torno dessas Conferências.

Desde a sua introdução na Nova Zelândia em 1989, as Conferências de Grupos Familiares (às vezes com outros nomes, como "Conferências de Grupo Comunitário" ou "Conferências de Responsabilização Comunitária") foram adotadas e adaptadas para implementação em muitos lugares do mundo.

Elas são usadas como processos para tomar decisões em muitos contextos, inclusive em casos de proteção à criança, disciplina escolar e direito penal, tanto na justiça juvenil como na adulta. Na verdade, as Conferências de Grupos Familiares já surgiram como um dos modelos de justiça restaurativa mais promissores. Há, porém, formatos diferentes. O modelo mais amplamente conhecido é aquele baseado em uma adaptação australiana; esse modelo influenciou fortemente o enfoque usado pela Polícia do Vale do Tâmisa no Reino Unido, pela Real Polícia Montada Canadense, e também o modelo adotado por muitas comunidades na América do Norte. O método da Nova Zelândia tem algumas características únicas e importantes que merecem consideração. É o modelo pioneiro, que deu origem ao termo "Conferências de Grupos Familiares".

Este pequeno livro de *Conferências de Grupos Familiares* foi elaborado para apresentar o modelo da Nova Zelândia. Descreveremos a abordagem de maneira geral e explicaremos como uma CGF é conduzida. Embora não seja um manual completo, apresenta muitas das ideias básicas, especialmente quando usado em conjunto com outros materiais de justiça restaurativa, tal como o livro *Justiça Restaurativa*, ou outros textos de referência listados no Apêndice. Embora parte da informação seja relativa à Nova Zelândia, essa abordagem pode ser e tem sido adaptada para muitos outros contextos.

Dito isso, queremos enfatizar que é preciso cautela em relação à simples replicação do modelo. As CGFs da Nova Zelândia são elaboradas para permitir que sejam ajustadas, de forma muito intencional, à cultura ou culturas daqueles que participam. Nenhum modelo deveria ser simplesmente copiado e usado em outro contexto. Incentivamos você a aproveitar o que for adequado e adaptar, conforme necessário, à sua própria conjuntura. Ao fazê-lo, entretanto, enfatizamos a importância do diálogo, de escutar um ao outro, especialmente as partes interessadas (aquelas que foram mais impactadas pelo crime), e os grupos nativos e as minorias em sua comunidade. Além disso, precisamos enfatizar muito a importância de embasar a prática em princípios. Sugerimos o conceito de justiça restaurativa como ponto inicial para uma discussão dos princípios que devem reger a prática.

São pertinentes ainda algumas palavras a respeito dos autores deste livro.

Allan MacRae foi Gerente dos Coordenadores da Região Sul da Nova Zelândia, e supervisionou as Conferências de Grupos Familiares, tanto para a Justiça Juvenil como para o Cuidado e Proteção à Infância. Antes de assumir essa posição, ele foi Coordenador de Justiça Juvenil na capital, Wellington. Este pequeno livro vale-se de sua experiência nessas funções e as sistematiza. Quando o texto estiver na primeira pessoa, refere-se a Allan.

O coautor, Howard Zehr, codiretor do Programa de Transformação de Conflitos da Eastern Mennonite University (Harrisonburg, Virginia, Estados Unidos), é considerado um dos fundadores do campo de justiça restaurativa e é frequentemente chamado a introduzir a justiça restaurativa em várias partes do mundo. Fez muitas palestras e deu consultoria na Nova Zelândia.

Nos vários anos em que demos aulas juntos, nos visitamos, pescamos juntos. Nós – Allan e Howard – nos tornamos amigos. Ao combinar nossos talentos e perspectivas, esperamos traduzir a prática das CGFs de uma forma que será útil para você.

2

VISÃO GERAL

Durante a década de 1980, a Nova Zelândia enfrentou uma crise já conhecida de outras nações pelo mundo. Milhares de crianças, especialmente as que faziam parte de minorias, eram retiradas de suas casas e colocadas em acolhimento familiar ou em abrigos. O sistema de justiça juvenil estava sobrecarregado e era ineficiente. A taxa de encarceramento de jovens era uma das mais altas no mundo, mas, apesar disso, o índice de criminalidade continuava subindo.

Ao mesmo tempo, a abordagem punitiva da Nova Zelândia era também, em parte, um modelo de assistência social. Embora os jovens estivessem sendo punidos, também estavam sendo premiados pela atenção que recebiam. Porém, não se exigia que assumissem a responsabilidade pelo dano que tinham causado. A população minoritária maori, o povo nativo da Nova Zelândia, sofria o maior impacto.

Os líderes maoris destacavam que o sistema ocidental de justiça era uma imposição estrangeira. Na sua cultura tradicional, os juízes não aplicavam a punição. Em vez disso, toda a comunidade se envolvia no processo – e o resultado que buscavam era o de reparação. Em vez de focar na culpa, eles procuravam saber o porquê do delito, pois alegavam que descobrir a causa do crime fazia parte da sua solução. Em vez de punição ("Deixe que a vergonha seja o castigo" é um provérbio maori), preocupavam-se com a cura e a solução do problema. Os maoris destacavam também que o sistema ocidental, que abala a família e encarcera jovens maoris de forma desproporcional, surgiu a partir de um padrão maior de racismo institucional.

Argumentavam, de forma muito convincente, que sua identidade cultural está baseada em três pilares: lei, religião e educação – e quando qualquer um desses pilares é enfraquecido, ou quando os valores e tradições dos povos indígenas são ignorados, estamos diante de um sistema racista.

> As CGFs acontecem com a intenção de empoderar e valorizar os participantes – ao mesmo tempo em que valorizam os recursos da família extensa e da comunidade.

Devido a essas preocupações, no final da década de 1980 o governo iniciou um processo de escuta das comunidades por todo o país. Por meio dele, os maoris recomendaram que os recursos da família extensa e da comunidade fossem a origem de quaisquer esforços para resolver essas questões. O processo da CGF surgiu como ferramenta principal para os casos atinentes aos sistemas de proteção à criança e de justiça juvenil.

Em 1989 foi aprovada pelo Parlamento uma lei que se tornou um marco: The Children, Young Persons and Their Families Act – a Lei das Crianças, Jovens e Suas Famílias. Esta legislação reformulou totalmente o foco e o processo da justiça juvenil na Nova Zelândia. Embora não tenha adotado logo essa terminologia, o sistema jurídico neozelandês foi o primeiro do mundo a institucionalizar uma forma de justiça restaurativa. As Conferências de Grupos Familiares formaram o eixo de todo o sistema de justiça juvenil da Nova Zelândia.

A Conferência de Grupos Familiares, e não a sala de audiências, tornou-se o cenário padrão para tomar decisões dessa natureza.

A CONFERÊNCIA

As CGFs são um tipo de reunião para tomar decisões, um encontro frente a frente entre ofensores e vítimas, suas famílias, apoiadores, um representante da polícia e outros. Ela é organizada e conduzida por um Coordenador de Justiça Juvenil, que é um facilitador profissional do Serviço de Assistência Social. Essa abordagem tem por objetivos: apoiar os ofensores quando eles assumem a responsabilidade e mudam de comportamento; empoderar as famílias dos ofensores para que desempenhem um papel importante nesse processo; atender às necessidades das vítimas. Diferentemente dos programas de justiça restaurativa atrelados aos sistemas de justiça em outros lugares, nessa Conferência o grupo determina **todo o desfecho** ou decisão, não só a restituição. Mais importante – e notável – isto acontece por consenso de todos os participantes, não por simples maioria ou por decreto de uma autoridade. Vítima, ofensor, membros das famílias, advogados de defesa ou policiais podem bloquear individualmente um resultado, se um deles não estiver satisfeito.

Embora haja elementos similares na maioria das Conferências, as CGFs devem ser adaptadas às necessidades e perspectivas dos participantes. Um dos objetivos do processo é que ele seja **culturalmente apropriado**, e outro é que ele deve **empoderar as famílias**. É função do coordenador ajudar as famílias a determinarem quem deve estar presente e a planejarem um processo que seja adequado às necessidades e tradições dos envolvidos.

Assim, não há um modelo ou roteiro, e o facilitador não precisa seguir um texto pré-determinado. Embora exista um padrão geral comum, cada Conferência deve ser adaptada à situação. Um elemento comum à maioria dos encontros, porém, é uma reunião familiar que acontece em determinada altura do evento. Nesse momento, a família e o ofensor ficam em uma sala com privacidade para discutir a respeito do que aconteceu e para desenvolver uma proposta que será apresentada à vítima e demais participantes da Conferência.

> **Características específicas das CGFs no modelo da Nova Zelândia**
>
> - Concebidas para ofensas graves
> - Plataforma/eixo de todo o sistema
> - Governadas por princípios
> - Tratam de todo o desfecho do caso
> - Usam o consenso para tomar decisões
> - Centradas na família
> - Oferecem uma reunião de família
> - Têm por objetivo a adaptabilidade e adequação cultural

Tal como o facilitador de outros tipos de encontros restaurativos, o coordenador de uma CGF deve buscar ser imparcial, equilibrando as preocupações e interesses de todas as partes. Entretanto, ele ou ela fica encarregado de que o plano desenvolvido leve em consideração tanto as causas do delito como a reparação, que o ofensor seja responsabilizado e que o plano seja factível. O facilitador deve também certificar-se de que acompanhamento e monitoramento estejam incluídos no plano: quem deve fazer o quê e quando, e quem irá monitorar o cumprimento do acordo. Tudo isso deve fazer parte do plano que resulta de uma CGF.

O SISTEMA

Na Nova Zelândia, as Conferências de Grupos Familiares não são apenas um tipo de encontro ou reunião: são o eixo de todo o sistema de justiça juvenil.

Na maioria dos países e comunidades que empregam programas de justiça restaurativa (CGFs ou outros) usam esses programas ou conferências a critério do sistema judicial, e a decisão de fazê-lo é tomada caso a caso. O processo judicial tradicional é a norma e a justiça restaurativa é um acréscimo ou um ato diversório do sistema. Na Nova Zelândia, porém, a Conferência de Grupos Familiares é a norma, e a sala de audiências fica na retaguarda. O sistema é concebido de tal modo que todos os casos mais graves envolvendo jovens são encaminhados a uma CGF – com exceção de assassinato e homicídio culposo. Na Nova Zelândia, um ramo especial da polícia (Oficiais de Apoio a Jovens) dedica-se à infância e juventude. Eles trabalham na prevenção e no cumprimento da lei, mas servem também como promotores, pois decidem que queixas devem se tornar denúncias e serem processadas. Por isso, estes profissionais devem estar presentes na CGF, já que os participantes da Conferência decidirão juntos que acusações serão arquivadas no final, ou se todas as acusações serão retiradas. A polícia desempenha um papel importante para decidir se um caso deve ser encaminhado para uma

> Uma CGF é tanto uma Conferência quanto um sistema de justiça.

CGF, ou se haverá outra decisão sem encaminhamento para a Conferência.

Transgressões de menor potencial ofensivo – em torno de 80% dos crimes juvenis que chamam a atenção da polícia – são resolvidas pela própria polícia através de uma "advertência" seguida de liberação (nos Estados Unidos, chama-se a isso de "reprimenda e liberação"), ou através de abordagens diversórias como, por exemplo, uma mediação informal vítima-ofensor.

Quando um jovem indiciado nega a culpa pelo ato cometido, mas fica provado no processo judicial que ele cometeu o delito, o caso deve voltar para a CGF, que recomendará ao tribunal como a acusação provada deve ser tratada. Mesmo que uma Conferência não seja a regra para casos de acusação de assassinato e homicídio culposo, ainda assim, pode-se realizar uma CGF para decidir questões de custódia enquanto o ofensor aguarda julgamento ou sentenciamento. Nesses casos, a Conferência pondera as alternativas de custódia, ou o que deve ser oferecido ao ofensor enquanto estiver sob custódia, tal como necessidades culturais, religiosas ou outras, ou os desejos da família. Essa Conferência pode também recomendar quem terá permissão para visitar o jovem enquanto estiver sob custódia.

A lei neozelandesa identifica quatro tipos de Conferências de Grupos Familiares no âmbito da justiça juvenil. **"Conferências de Custódia"** – devem ser realizadas quando um jovem está sob custódia após negar a acusação. **"Conferências de Acusação Provada"** – são encaminhadas pelo tribunal quando um jovem nega sua culpa, mas subsequentemente é julgado culpado no tribunal. **"Conferências de Intenção de Acusação"** (o jovem não é apreendido, mas é encaminhado diretamente a um Coordenador de Justiça Juvenil para uma Conferência) – decidem se uma criança ou jovem deve ser julgado, ou de que modo o assunto poderia ser tratado de outra maneira. **"Conferências sem Negação da Acusação"** (o jovem é preso e trazido perante o juiz) – assim que o jovem admite responsabilidade pelo que ocorreu, o juiz faz recomendação para que a Conferência decida: se as acusações devem ser retiradas; se um plano deve ser elaborado para dar conta das acusações; se devem ser modificadas as acusações; como a vara de infância e juventude deve encaminhar o caso.

Portanto, a maior parte das CGFs não tem a intenção de envolver o sistema judicial de maneira significativa. Somente quando as Conferências ocorrem para fazer recomendações de sentença, ou quando recomendam algum tipo de monitoramento ou acompanhamento policial, é que haverá supervisão da vara de infância e juventude. Por vezes, uma Conferência que ocorreu por ordem do juiz recomenda que as acusações sejam retiradas do sistema judiciário a fim de promover monitoramento menos formal.

Isso só pode acontecer quando a polícia concorda, quando a polícia e outros participantes da Conferência confiam que o plano de reparação será cumprido e quando os perpetradores demonstrarem remorso genuíno.

Fred McElrea, proeminente juiz neozelandês defensor da justiça restaurativa, argumenta que esse processo faz com que a comunidade, e não a vara de infância e juventude, seja o centro da tomada de decisão. Com a implementação das CGFs não apenas o número de audiências com jovens diminuiu, também se destina menos tempo de trabalho do judiciário para lidar com esses casos. Como consequência, o judiciário pode focar na salvaguarda do processo e dedicar-se a casos especiais.

Na página a seguir encontra-se um esquema simplificado dando uma visão geral do fluxo do sistema como um todo.

Processo de Justiça Juvenil

DELITO COMETIDO
A Polícia processa o delito e toma a decisão de apreender ou encaminhar para a Polícia de Apoio aos Jovens.

POLÍCIA DE APOIO AOS JOVENS
Policiais decidem se encaminharão o caso para medida diversória.

JOVEM É APREENDIDO
O jovem é apreendido e os policiais decidem na delegacia se indiciam ou não.

Sim → A Polícia dá uma advertência formal ou implementa um Contrato para medida alternativa/diversória com o jovem. Se o contrato não for cumprido, o assunto é encaminhado para uma Conferência.

Não

Se feita denúncia →

TRIBUNAL
O jovem decide se vai assumir a responsabilidade.

Sim

Não → Acontece a audiência de defesa. Se ficar estabelecida a culpa do jovem, ele é encaminhado para Conferência de Grupo Familiar.

Sim

Não → **NÃO CULPADO** Nenhuma ação necessária.

CONFERÊNCIA DE GRUPO FAMILIAR

- A Polícia concorda em retirar as acusações e o plano elaborado pela CGF é completado fora do processo judicial.
- Recomendação de que o plano seja completado em liberdade provisória. É dada baixa do processo sem que fique histórico criminal.
- Recomendação de que o jovem fique sujeito a sanções judiciais ou seja considerado culpado. O conteúdo do plano é incluído na sentença.

3
Prática Baseada em Princípios

A pedra angular do sistema de justiça juvenil na Nova Zelândia é a Conferência de Grupos Familiares. O sistema funciona porque todos os elementos, desde a polícia até as varas de infância e juventude, são guiados pelos princípios e objetivos estabelecidos na Lei de 1989. Existem inúmeros exemplos de facilitadores que se afastam desses princípios e objetivos. No entanto, se os objetivos e princípios forem sempre respeitados e seguidos na preparação e condição das Conferências eles levarão a uma prática restaurativa. **Nossa opinião é que se esses objetivos e princípios estiverem claros, e se for cultivado o hábito de consultá-los ao tomar decisões, o resultado será uma boa prática e, em última análise, uma abordagem restaurativa.**

SETE OBJETIVOS

Os sete objetivos principais da Justiça Juvenil na Nova Zelândia podem ser resumidos da seguinte forma:

- **Ação Diversória** – Um objetivo chave é manter os jovens fora do judiciário e evitar que sejam rotulados de criminosos. Vários pressupostos fundamentam este objetivo:

a) o contato com o sistema de justiça criminal muitas vezes aumenta ao invés de diminuir a reincidência; b) a maior parte das transgressões cometidas por jovens não são patológicas, mas erros que fazem parte do desenvolvimento desse indivíduo, e a maioria deles supera essa fase, e c) as sanções de trabalho comunitário têm mais potencial para trabalhar necessidades e comportamentos do que as penas em reclusão.

- **Responsabilização** – Os ofensores devem assumir a responsabilidade por seus atos e assim aceitar as obrigações de reparar o dano que causaram. Esse conceito é discutido com mais profundidade nos princípios abaixo.
- **Envolvimento da vítima** – As necessidades das vítimas devem ser atendidas, e as próprias vítimas têm a oportunidade de participar da decisão sobre como será o plano de reparação. O envolvimento da vítima também oportuniza a responsabilização autêntica dos ofensores.
- **Envolvimento e fortalecimento da família do ofensor** – A família do ofensor deve estar envolvida no processo e nos resultados. É preciso que ela estimule o jovem membro a tomar boas decisões e a prover os recursos para realizá-las. O importante pressuposto subjacente é que as famílias, mesmo fragmentadas ou disfuncionais, conseguirão ajudar o jovem a trabalhar os efeitos de seu comportamento se oferecem apoio ao menor infrator.
- **Tomada de decisão por consenso** – Todos os participantes devem concordar com o plano de reparação elaborado; a decisão não é por maioria ou "de cima para baixo".
- **Adequação cultural** – Os procedimentos e a assistência prestada devem ser adaptados às perspectivas e necessidades culturais dos participantes.

- **Devido processo legal** – Os direitos da criança ou jovem devem ser respeitados. Os agentes especializados de proteção à infância e juventude são designados para assistir o processo e certificarem-se de que esses direitos sejam garantidos.

SETE PRINCÍPIOS NORTEADORES

Para atingir esses objetivos, a Lei de 1989 apresenta sete princípios norteadores para os processos de Conferências de Grupos Familiares no âmbito da justiça da infância e juventude. Esses princípios aplicam-se não apenas ao processo das CGFs, mas a todos os procedimentos de justiça juvenil na Nova Zelândia.

- **Devem ser evitados os processos criminais, a menos que o interesse público o exija.** O sistema, incluindo as CGFs, precisa considerar o interesse público. Na prática, isso significa que o coordenador precisa comparecer à CGF com as informações necessárias para considerar outras alternativas. A presença de um representante da polícia assegura que as questões de interesse público não sejam ignoradas.

- **Os processos de justiça criminal não devem ser usados para assistência social.** Os processos criminais não devem ser usados para atender necessidades de assistência social, tais como proteção, moradia ou cuidados. Antes da Lei de 1989, em que era usada a "abordagem assistencial", os processos criminais frequentemente buscavam atender às necessidades de assistência social dos jovens. Isso resultava em penas desnecessárias e taxas de institucionalização mais altas.

- **As famílias devem ser fortalecidas.** A Lei citada determina que quaisquer medidas tomadas devem visar a: 1) fortalecer o grupo familiar, e 2) promover a habilidade da família para desenvolver seus próprios meios de lidar com transgressões de seus membros menores de idade. A maioria dos pais de filhos que se comportam mal se sentem impotentes. Muitas vezes ficam confusos quanto às suas opções e aos recursos disponíveis para ajudá-los. As respostas típicas da justiça, que comumente tiram os problemas das mãos dos pais e os passam para profissionais, aumenta a sensação de impotência e frustração dos progenitores. Portanto, as respostas da justiça devem ser elaboradas de tal forma a ajudar as famílias a lidarem com seus próprios problemas.

Quando uma CGF se reúne, é importante garantir que a família do ofensor tenha acesso às redes de apoio apropriadas, permitindo assim que o plano da CGF seja bem-sucedido. O ideal é que seja feita uma lista de fontes de apoio para a família extensa. Porém, quando esse suporte não estiver disponível, ou não for suficiente, a melhor opção é criar uma comunidade de apoio em torno da família.

A Lei pressupõe – e as experiências subsequentes confirmam – que quando as famílias são incentivadas a "endireitar as coisas" perante a(s) vítima(s) e a comunidade, e quando recebem suporte para que consigam fazê-lo, os resultados são mais eficazes. Quando a família desenvolve seu próprio plano de reparação, seus membros mostram maior apropriação em relação a esse plano, e maior comprometimento para fazer com que o plano de reparação elaborado na CGF funcione. Outra vantagem do processo de CGF é que os irmãos do ofensor testemunham o processo de assumir a responsabilidade e reparar os danos, e essa é uma forma de prevenção.

- **Sempre que possível, as crianças e adolescentes devem permanecer na comunidade de origem.** As pesquisas demonstram que os jovens ofensores se sentem isolados de suas comunidades. Em Wellington, capital da Nova Zelândia, a maioria dos jovens que cometem delitos são samoanos ou maoris que vivem fora de suas áreas tribais, ou caucasianos que foram afastados da sua rede de apoio depois de uma separação familiar ou uma relocação de seus pais por mudança de emprego.

Remover os jovens de suas comunidades naturais só faz aumentar o sentimento de não pertencimento, o que pode levá-los a perder o respeito pela comunidade em que passaram a viver. Sem nutrir esse respeito, ou sentindo que estão sendo tratados injustamente, é mais fácil cometerem transgressões contra a comunidade, justamente pela falta do sentido de pertencimento.

Jovens que foram criados fora de um ambiente familiar têm pouca experiência em que basear suas habilidades para criar filhos. Os que passaram períodos prolongados em instituições ou lares provisórios também demonstram não ter habilidades de socializar e desenvolver redes de apoio dentro de suas comunidades. Na falta de um grupo de apoio, as gangues e as subculturas os absorvem. Na realidade, o encarceramento contribui para o problema, fazendo com que muitos jovens sintam raiva da sociedade e criem em seu íntimo um forte sentimento de isolamento que os impede de desenvolver as habilidades de que mais necessitam para gerar mudanças positivas.

- **A idade da criança ou do jovem deve ser levada em conta.** Os jovens ainda estão em desenvolvimento e aqueles que tomam as decisões devem lembrar que o comportamento e as necessidades de um jovem são afetados profundamente por esse processo. Com exceção de casos de assassinato e homicídio culposo, os jovens com menos de 17 anos são encaminhados para uma CGF, e não para o tribunal. Nas Conferências, as decisões são tomadas levando em conta suas necessidades e responsabilidades como um todo.
- **O desenvolvimento pessoal deve ser promovido usando a opção menos restritiva.** Esse princípio, que se sobrepõe aos pressupostos acima, preconiza que: 1) quaisquer sanções devem visar à promoção do desenvolvimento do jovem dentro de seu grupo familiar, e 2) dentro dessas circunstâncias, deve ser escolhida a forma menos restritiva que for apropriada. Uma das razões para esse princípio é que a criança e o jovem têm um forte senso de justiça. Respostas excessivamente restritivas ofendem esse senso de justiça, que cada comunidade deve reforçar em seus jovens.
- **Os interesses das vítimas devem ser considerados.** Esse princípio lembra aos participantes da Conferência que as vítimas são uma parte essencial da equação. A justiça deve oferecer uma oportunidade para as vítimas se envolverem no processo, ajudando a explicitar suas próprias necessidades e tê-las atendidas. O princípio dos "interesses das vítimas" existe para o bem das vítimas, mas também para o bem dos ofensores. Ouvir as vítimas é algo que funciona de maneira muito efetiva com os jovens, pois coloca o foco no impacto de

suas ações. Eles entendem de forma muito clara o que fizeram e como podem corrigir o impacto da melhor maneira possível. Diferente da punição, essa é a verdadeira responsabilização, uma vez que advém de consequências lógicas e naturais.

Nos processos em que o ofensor deve responder ao Estado, ele ou ela têm pouca conexão com o delito, a vítima, a família ou a comunidade onde a transgressão ocorreu. Qualquer consequência punitiva em relação ao crime cometido é vista pelo jovem como um ato de vingança do Estado, o que contribui ainda mais para seu isolamento. Isso não ajuda o ofensor a entender o verdadeiro impacto daquilo que ele ou ela fez.

Portanto, a Conferência de Grupo Familiar dá prioridade às necessidades da vítima. Isto pode incluir um acerto financeiro como reparação parcial. A CGF dá voz à vítima, e isso pode ser uma ação curativa tanto para a vítima quanto para o jovem que cometeu o ato delituoso. Quando jovens completam seu compromisso em relação à vítima, frequentemente se sentem melhor a respeito de si mesmos. Isso, por sua vez, contribui para um estilo de vida mais positivo. As pesquisas sobre reincidência sugerem que os ofensores que repararam os danos por eles cometidos têm menos probabilidade de reincidir. Assim, quando os jovens são responsabilizados de modo restaurativo, há maior chance de chegar a um resultado satisfatório para as vítimas, ofensores e para a comunidade.

Sete Objetivos	Sete Princípios
• ação diversória • responsabilização • envolvimento da vítima • empoderamento da família • decisão por consenso • apropriação cultural • devido processo legal	• evitar processos criminais • não usar a justiça para assistência social • fortalecer as famílias • manter ofensores na comunidade • levar em conta a idade • usar a opção menos restritiva • levar em conta os interesses da vítima

Desde 1989, a qualidade da prática das CGFs na Nova Zelândia tem variado. Em algumas áreas a abordagem tem sido muito bem-sucedida. Naqueles casos em que não foi aplicada à altura de seu potencial, acreditamos que seja devido a uma falha em seguir esses princípios e objetivos de maneira consistente. Nos casos em que o sistema de justiça juvenil alcançou sucesso, esses princípios e objetivos foram usados não só para configurar a política pública, mas também para orientar as decisões em cada caso, em cada situação.

Nunca é demais enfatizar a importância dos objetivos e princípios para orientar as boas práticas. Embora padrões de práticas e diretrizes éticas possam ser úteis, sugerimos que princípios e objetivos claros sejam ainda mais importantes.

Encorajamos, de maneira muito enfática, que qualquer comunidade que esteja elaborando processos restaurativos ou de resolução de conflitos, deve estabelecer objetivos e princípios apropriados. Depois disso, é preciso certificar-se de que os processos estão baseados em valores culturalmente pertinentes, quando forem ser utilizados como guia para a prática.

4

ORGANIZANDO UMA CONFERÊNCIA DE GRUPOS FAMILIARES

A lei neozelandesa estabelece tipos diferentes de Conferência de Grupos Familiares para crianças e jovens que cometeram delitos. As CGFs para crianças que transgrediram (entre 10 e 14 anos de idade) se concentram prioritariamente no bem-estar e interesses da criança, mais do que no comportamento delituoso como tal. Em tais Conferências o bem-estar da criança é de suma importância, porém, obviamente, este aspecto é combinado com obrigações, pois é necessário ensiná-los a ter responsabilidade e mostrar como assumi-la. Jovens ofensores (entre 14 e 17 anos de idade), por outro lado, já podem ser responsabilizados criminalmente. Independentemente do tipo de CGF, a configuração básica do procedimento é a mesma. A seguir descreveremos os atores envolvidos na Conferência é como ela é organizada e conduzida.

O PAPEL DO COORDENADOR

A pessoa que organiza e supervisiona todo o processo, e que normalmente facilita a Conferência, é chamada Coordenador de Justiça Juvenil.

O coordenador recebe os relatórios da polícia e se encontra com os policiais para explorar as alternativas à formalização de acusações criminais. De fato, a colaboração com a polícia é um elemento chave nas comunidades onde o sistema de justiça juvenil tem sido especialmente eficaz na redução da criminalidade. Na verdade, num esforço para aumentar a colaboração entre polícia e judiciário, a Nova Zelândia tem procurado criar "equipes dedicadas a jovens ofensores", que reúnem todos os profissionais envolvidos na Justiça Juvenil.

Uma vez decidido que o caso deve ser encaminhado para uma CGF, as tarefas do coordenador são as seguintes:
1. Preparar as partes;
2. Convocar e facilitar a Conferência;
3. Garantir a observância dos princípios da Lei;
4. Registrar os acordos ou planos, e
5. Comunicar os resultados às pessoas e órgãos competentes.

Mais especificamente, o coordenador tem a incumbência de:
a) Conversar com o **ofensor e a família do ofensor** sobre:
- o procedimento que será usado na CGF, a data, a hora e local para a Conferência.
- quem deve ser convidado. De acordo com a lei neozelandesa, os membros da família extensa têm direito a participar. Portanto, é importante que a família seja consultada a respeito do apoio adicional que desejam ter.

b) Falar com a **vítima** sobre:
- se ele ou ela desejam participar da Conferência e, em caso positivo, a data, horário e local da CGF.

- seus direitos no processo. Isso inclui as diferentes maneiras como poderá participar. As vítimas podem enviar um representante, manter-se em contato telefônico com a CGF, escrever cartas, ou solicitar que o coordenador leve informações à CGF em seu nome. Essas informações podem ser apresentadas em vídeo ou gravação de áudio, ou simplesmente ser transmitidas verbalmente. A vítima pode recusar o convite para participar de qualquer destas maneiras. O bom suporte às vítimas as incentiva a participar e a receber os benefícios que a Conferência oferece. As pesquisas demonstram que os melhores resultados ocorrem quando a vítima está presente – mas deve ser escolha dela participar ou não.

c) Tomar todas as medidas necessárias para notificar a data, horário e local da Conferência de Grupo Familiar a todos aqueles autorizados a comparecer.

d) Descobrir quais são os pontos de vista das pessoas que estão envolvidas mas que não poderão comparecer à Conferência de Grupo Familiar.

e) Disponibilizar informações relevantes e aconselhamento pertinente para os participantes da CGF, pois isto permitirá que desempenhem suas funções a contento. Isso inclui fornecer informações a respeito de serviços e redes de apoio existentes na comunidade que possam ser relevantes. Para tanto, o coordenador precisa ter contato com uma rede que funcione bem dentro da comunidade e com outros profissionais.

f) Convocar e conduzir a Conferência, adaptando-a ao contexto cultural e às necessidades das partes.

g) Assegurar-se de que as decisões, recomendações e planos que resultarem da Conferência estejam de acordo com os princípios que orientam esse processo.

h) Registrar as decisões, recomendações ou planos feitos pela Conferência de Grupo Familiar e assegurar-se de que sejam disponibilizados às pessoas e aos órgãos competentes (tais como polícia e tribunal). Se o plano envolver algum serviço de um órgão ou de pessoas que não estejam presentes na CGF, o coordenador se encarregará de buscar um acordo com essas entidades ou pessoas depois da CGF.

i) Convocar novamente a CGF se duas pessoas que participaram a solicitarem; se o plano precisar ser revisto; se for requerido por ordem judicial; ou se o coordenador ou a polícia sentirem que há necessidade de se reencontrarem no formato de CGF (por exemplo, se partes do plano ou acordo não estão funcionando).

Como facilitador, o papel do coordenador é de certa forma semelhante ao do mediador. Entretanto, como sugere a lista de múltiplas tarefas acima, o termo "mediação" não é de todo apropriado. Semelhante ao mediador, o coordenador deve buscar ser imparcial e equilibrado e não pode impor resultados ou soluções. Entretanto, o coordenador é responsável por ajudar a polícia ou o tribunal a tomar decisões a respeito do processo, assegurando que o ofensor seja responsabilizado adequadamente durante a Conferência, e garantindo que o plano adotado pela CGF seja administrável, adequado e supervisionado. Em resumo, o coordenador fica incumbido de garantir que o processo e seus resultados sejam guiados pelos princípios das CGFs.

OS PARTICIPANTES DA CONFERÊNCIA

Além do coordenador, o sistema de justiça juvenil da Nova Zelândia prevê a participação das pessoas mencionadas abaixo. Entretanto, o comparecimento só é obrigatório para os ofensores, familiares dos ofensores e representantes da polícia.

- **Ofensores e suas famílias,** inclusive a família extensa.
- **Vítimas, ou representantes da vítima** e apoiadores.
- **Representantes da polícia** (Agente de Apoio ao Jovem).
- **Defensores dos Jovens.** Advogados especiais são selecionados cuidadosamente e indicados para auxiliar nos casos de justiça juvenil. Eles devem salvaguardar os direitos dos jovens ofensores e assistir o processo; seu papel não é adversarial.
- **Defensores leigos.** Essas pessoas podem ser designadas para aconselhar a respeito de assuntos culturais e para ajudar a garantir que o processo seja culturalmente adequado para os envolvidos.
- **Assistentes sociais** podem comparecer se for o desejo da família do ofensor, ou no caso em que a Secretaria de Assistência Social tenha custódia legal, tutela, ou tenha a supervisão do caso ou, ainda, se for uma exigência para dar apoio à criança ou ao jovem.
- **Prestadores de informação.** Em alguns casos pessoas que detêm informações específicas (por exemplo, da comunidade, escola ou da igreja) podem participar, mas só durante a parte relevante da Conferência.
- Outros **cuidadores**, isto é, qualquer pessoa que esteja atualmente cuidando da criança ou jovem que cometeu a ofensa.

PREPARAÇÃO

Vamos supor que você seja um Coordenador de Justiça Juvenil encarregado de organizar uma CGF nos moldes da Nova Zelândia.

Inicie o processo enviando cartas às vítimas, ao ofensor e aos pais do ofensor. Essas cartas devem incluir um panfleto com a explicação do procedimento e visam pedir aos destinatários que entrem em contato com o coordenador em 72 horas. Use a palavra escrita somente para abrir a oportunidade de comunicação ou confirmar um acordo que tenha sido alcançado.

Se você não receber resposta às cartas dentro de alguns dias (na Nova Zelândia, o processo estabelece prazos estatutários curtos – de duas a três semanas), faça contato por telefone. Quando conseguir falar com a pessoa, marque um encontro para explicar mais detalhadamente quais são os direitos e opções. A maioria das pessoas concorda que o encontro seja em suas residências. Abaixo estão algumas observações e sugestões a partir da minha experiência como Coordenador de Conferências de Grupos Familiares:

- Encontros presenciais têm mais possibilidade de construir *rapport* e compreensão do que contato por telefone ou carta. Quando existe a oportunidade de um encontro, você recebe o benefício da interação plena. A verdadeira comunicação envolve a escuta do tom de voz do interlocutor e a observação visual de sua linguagem corporal. Por exemplo, as pessoas podem dizer que comparecerão à CGF, especialmente a vítima, ou as pessoas associadas à vítima, mas sua linguagem corporal lhe diz que não estão se sentindo confortáveis com a decisão. Reconhecendo seu desconforto aparente, você pode iniciar uma conversa a respeito de seu nível de aceitação dessa decisão, e abordar as questões que causaram essa sensação. As pesquisas têm demonstrado que, se não for abordada a questão do desconforto, as pessoas decidem não comparecer na última hora.

- A segunda melhor forma de comunicação é por telefone. É importante, porém, tentar primeiro encontrar-se com a vítima ou seus apoiadores presencialmente. A experiência revela que a porcentagem de presença das vítimas na CGF aumenta de maneira significativa quando elas são convidadas pessoalmente. Assim sendo, mesmo no caso de a vítima expressar ao telefone que não têm desejo de participar da CGF, pergunte-lhe se estaria disposta a se encontrar com você para que possa explicar-lhe a respeito de seus direitos no processo da CGF. A maioria concorda em se encontrar com o coordenador e acaba comparecendo à Conferência.
- A palavra escrita é a forma menos confiável de comunicação. Cartas e e-mails são com muita frequência mal compreendidos. Não se fie em cartas e e-mails como única forma de comunicação.
- É preciso que o facilitador de uma Conferência de Grupo Familiar tenha boa comunicação. Ele ou ela precisam conseguir explicar o procedimento, negociar e buscar acordos, conduzir o encontro e registrar as decisões de forma precisa. As habilidades de comunicação do facilitador devem funcionar muito bem em inúmeras situações, incluindo a CGF e os encontros com órgãos do judiciário e da polícia.

> **As vítimas podem**
> - participar de toda a Conferência ou parte dela
> - recusar-se a participar,
> - enviar representantes,
> - enviar informações.

TRABALHANDO COM AS VÍTIMAS

A razão inicial para encontrar-se com as vítimas é informá-las de seus direitos e oferecer informações sobre o procedimento. Embora seja preferível que as vítimas estejam presentes na Conferência, pois todos se beneficiam do encontro, é inadequado pressioná-las para que compareçam.

Na Nova Zelândia as vítimas têm direito a participar de três maneiras. O primeiro modo de participação é estar presente e trazer pessoas para servirem de apoiadores. Pode ser um membro da família, amigo próximo, cuidador ou representante de uma organização de apoio a vítimas. A segunda maneira é enviando um representante, que também pode levar pessoas de apoio. A terceira é que as vítimas podem escolher enviar somente informações. Na terceira opção, porém, elas não têm o direito de fazer objeções ou discordar do resultado da Conferência, embora possam recusar qualquer resultado que as envolva diretamente – como, por exemplo, um pedido de desculpas feito pessoalmente pelo ofensor ou um trabalho realizado pelo ofensor para beneficiar a vítima.

Você deve primeiro consultar as vítimas a respeito da data, horário e local para a Conferência. Como você estará pedindo à vítima que dedique seu tempo para comparecer à CGF, compartilhe com ela as informações que poderão ajudá-la a decidir se vale a pena dedicar esse tempo para comparecer. Muitas vezes as vítimas têm medo de sofrer um novo trauma, e é conveniente dizer a elas que o processo da Conferência foi concebido para protegê-las dessa possibilidade. Outro fator a compartilhar é o sucesso que vem sendo alcançado por meio das CGF. Alguns exemplos dessas conquistas encontram-se no Apêndice.

A maioria das vítimas deseja estar presente à CGF, mas algumas necessitam de auxílio para conseguir comparecer – como subsídio para despesas de viagem, babás, ou compensação pela perda de dias de trabalho. O sistema neozelandês normalmente oferece assistência financeira para essas necessidades. A fim de acomodar as agendas de todos, as Conferências acontecem no final do dia.

Mais uma vez, é importante que você, como coordenador, seja flexível quanto ao modo como as vítimas desejam participar, a fim de apoiar suas necessidades e garantir que elas possam escolher como se dará seu envolvimento. Apresente todas as opções com o máximo de informações possíveis, para que então as vítimas possam fazer uma opção esclarecida e a mais adequada para elas. Independentemente de se as vítimas escolherem participar ou não, é importante que seus interesses sejam levados em conta no planejamento da Conferência.

Há várias maneiras de uma vítima participar sem estar fisicamente presente na Conferência. O coordenador pode compartilhar informações em nome da vítima, ou esta pode optar por enviar uma mensagem de vídeo ou áudio para ser apresentada durante o encontro. A vítima pode participar por telefone durante toda a Conferência; ou de parte dela por meio de um link de circuito fechado em outra sala, onde recebe apoio de uma assistente social e outras pessoas.

Anotações escritas pela vítima podem ser lidas ao ofensor na Conferência. Todas essas formas ajudam a assegurar que os desejos da vítima sejam incluídos no plano.

A vítima ou seu representante devem estar cientes de que têm a opção de participar de toda a Conferência ou só parte dela. Se optarem por participar só em parte, significa que a vítima participará do início da Conferência, quando são compartilhadas as informações (essa sessão geralmente precede as deliberações que acontecem entre o ofensor e sua família em privado).

Na maioria dos casos, se a vítima não permanece durante toda a Conferência, a família do ofensor assegura à vítima que os desejos da mesma serão incluídos no plano final, e o coordenador concorda em monitorar o plano para que isso de fato aconteça.

As vítimas também podem se envolver quando a CGF se reunir uma segunda vez, quando a criança ou jovem que cometeu a ofensa já demonstrou comprometimento e já deu passos no sentido de "endireitar as coisas".

Em alguns casos, tal como infrações de trânsito ou acusações envolvendo drogas, não há uma vítima identificável. Nesses casos, a comunidade é considerada a vítima, e a polícia representa a comunidade. Entretanto, seria possível envolver vítimas-substitutas como prestadores de informações, por exemplo, pessoas que sofreram porque os motoristas estavam bêbados ou dirigindo sob a influência de drogas. O que deve ser lembrado, porém, é que elas não estarão lá como participantes por direito próprio, não poderão permanecer durante toda a Conferência, nem terão direito de concordar ou discordar do plano. Corre-se o risco de que essas pessoas possam ter a expectativa de que o jovem tenha de assumir responsabilidade também pelo que aconteceu a elas.

Como coordenador, você tem de explicar o processo para a vítima e também o fato de que você está consultando o ofensor e a família do ofensor. Uma vez que a lei da Nova Zelândia permite e incentiva o ofensor e sua família a assumirem responsabilidade por dar forma ao processo, pode ser que você precise voltar e consultar a vítima a respeito dos pedidos especiais que o ofensor talvez faça. Se houver diferenças culturais, é possível que você precise negociar entre as partes sobre tais diferenças – como, por exemplo, o uso de orações, que discutiremos mais adiante.

Você deve também informar à vítima que ela tem o direito de dizer ao ofensor que sente raiva e de relatar como a ofensa a afetou. A vítima também pode fazer perguntas. Deixe bem claro que ela tem direito de discordar do plano que determinará como o ofensor se responsabilizará – a menos que ache que o plano está certo e é justo. Explique que a CGF não gira em torno do debate da culpa do ofensor em relação à vítima, já que os participantes da Conferência só poderão tomar decisões que afetem a criança ou jovem no caso de o ofensor assumir a culpa, ou se esta for comprovada pelo devido processo legal.

Ao dialogar com a vítima, ofensor e suas famílias, é importante perguntar se eles desejam começar a Conferência com uma oração ou uma bênção, ou se há outros protocolos culturais que eles gostariam de incorporar. Para muitos maoris, povos do Pacífico Sul, e outros povos regionais, é muito importante em suas culturas fazer uma oração. Incentive-os a fazerem uma prece se assim o desejarem, e a usarem seus idiomas e tradições. É responsabilidade do coordenador informar ambas as partes – tanto vítimas como ofensores – a respeito desses desejos a fim de que saibam o que esperar. Pode ser que você precise se comunicar mais de uma vez com as famílias da vítima e do ofensor para delinear um procedimento que fique bom para os dois "lados". Pode ser que você também precise providenciar tradutores para uma ou para ambas as partes.

O TRABALHO COM O OFENSOR E SUA FAMÍLIA

A primeira parte do trabalho de resolução do conflito é facilitar a convocação da Conferência (data, horário, local, quem participará) e assegurar que os interesses das vítimas serão respeitados no procedimento que a Conferência irá seguir. O coordenador precisa consultar a família da criança ou jovem que cometeu o delito sobre esses detalhes e o procedimento a ser desenvolvido na CGF.

É importante, já no início, verificar com o ofensor (e com sua família) se eles compreendem bem a acusação. Se houver discrepâncias ou mal-entendidos, peça para que a polícia e o defensor do jovem (advogado) façam os devidos esclarecimentos.

Como muitas famílias estão entrando no processo pela primeira vez, explique que a lei lhes dá o direito de ter tempo para deliberar em particular (reunião de família), e que as deliberações da família geralmente dividem a Conferência em três partes ou fases (como explicaremos mais adiante neste capítulo).

Alerte a família do ofensor explicando que a decisão a ser tomada sobre o plano de reparação é muito importante, porque a CGF dá prioridade clara a jovens ofensores que são responsabilizados no contexto do apoio de suas famílias extensas. O processo da CGF deve capacitá-los a tomar a melhor decisão.

Uma vez que a família tenha a compreensão plena do procedimento da CGF e de suas próprias responsabilidades, peça uma lista de pessoas que eles gostariam de convidar como apoiadores. É importante esclarecer que neste contexto a palavra "família" deve ser interpretada no sentido mais amplo, incluindo qualquer pessoa que possa contribuir na elaboração de um plano conjunto ou ajudar a identificar recursos que o viabilizem.

Muitas vezes a criança ou jovem tem alguém que admira. Se for o caso, essa pessoa deveria ser incluída na CGF. Um jovem ofensor pode ser estimulado de maneira significativa quando há alguém que ele respeita para ajudá-lo a corrigir o malfeito, e fazer isso com uma atitude positiva. Essa pessoa pode também atuar como defensora da criança ou do jovem, pois uma transgressão muitas vezes coloca tensão no relacionamento do jovem com sua família. Isso é comprovado especialmente nos casos em que a vítima é um membro da família – por exemplo, no caso de agressão contra pai ou mãe. Explique à família que outros adultos, fora do núcleo familiar, mas que tenham um relacionamento com seu filho ou filha, também podem ser de muita ajuda – talvez um treinador, líder de grupo de jovens, padre ou pastor, ou um professor.

Se a família não contar com uma rede social ampla, é importante assisti-la no desenvolvimento desse suporte. Para este fim, o coordenador precisa estar bem conectado com a comunidade. Os coordenadores devem criar relacionamentos de trabalho com inúmeras organizações de diferentes culturas e com diferentes recursos. Essas organizações podem constituir locais de suporte para as famílias. Não é incomum que essas organizações sejam também contratadas para supervisionar um dos itens da reparação ou o plano todo.

Se, por diversas razões, a família do ofensor não dispõe de membros da família extensa ou recursos adequados para cumprir as obrigações exigidas por uma Conferência de Grupo Familiar, devem-se buscar alternativas. Um exemplo disso foi uma família de refugiados que não tinha ninguém da família extensa na Nova Zelândia. A vítima da agressão era um dos cuidadores do ofensor. Foi feito um arranjo com duas organizações de migrantes e refugiados para apoiar a família.

Quando você visitar a família em sua casa antes da CGF, ofereça a possibilidade de contato com uma ou mais organizações que possam ajudá-los. Inclusive, pode-se oferecer uma oportunidade para que se encontrem com representantes dessas organizações antes de a família decidir se quer envolvê-las na CGF ou não.

Em caso de uma acusação muito séria, o plano pode demandar grande exigência de supervisão; distribuir esse fardo pode fazer a diferença entre o sucesso e o fracasso do plano. O insucesso pode não ser por falha do jovem, mas talvez advenha de falta de empenho dos adultos na supervisão. O fato de ter outras organizações e redes envolvidas, juntamente com a família, pode fazer uma grande diferença para se alcançar o êxito do plano.

A CONFERÊNCIA

Nunca é demais repetir que as Conferências de Grupos Familiares podem assumir muitas formas, dependendo da cultura e/ou religião dos participantes. O que está delineado nesta seção deve ser usado somente como um guia.

Passos em uma Conferência de Grupo Familiar

1. **Abertura**
   - oração, se for apropriado
   - apresentações
   - apresentação da visão geral

2. **Partilha de informações**
   - resumo dos fatos
   - revisão do impacto sobre a vítima
   - resposta do ofensor
   - informação sobre a elaboração do plano
   - lanche (opcional)

3. **Deliberações da família**

4. **Elaboração de acordo**
   - proposta
   - negociação
   - finalização do plano

5. **Encerramento**
   - oração, se for apropriado

Arrumação da sala do encontro

Certifique-se de que a sala tenha os recursos necessários para a Conferência. Espaço e cadeiras em número suficiente são essenciais. Faça o possível para ter espaço para o caso de ser preciso acomodar mais cadeiras. Isso permite que haja maior flexibilidade de escolha quanto ao número de participantes.

Às vezes, as vítimas e seus apoiadores podem querer deixar uma ou duas cadeiras vagas entre elas e a família do ofensor. Também pode acontecer de membros da família do ofensor não quererem se sentar juntos; a dinâmica das famílias pode fazer com que queiram deixar um espaço entre elas (por exemplo, os pais podem estar separados).

O arranjo dos lugares pode mudar no desenrolar da CGF à medida que o nível de conforto dos participantes aumenta.

Por exemplo, o ofensor pode não se sentir à vontade de ficar com sua família no início da CGF, mas pode escolher se sentar junto a eles quando a CGF estiver sendo concluída.

É muito importante que no local da Conferência não haja interrupções ocasionadas por visitantes inesperados ou ligações telefônicas. Tais problemas podem ocorrer, principalmente se for decidido que a CGF acontecerá numa casa de família. Quando esta for a opção escolhida, combine com a família que os telefones serão desligados durante a Conferência.

Outros recursos necessários incluem: acesso a outra sala para facilitar as deliberações em particular da família do ofensor; papel e canetas disponíveis nas duas salas. Também é importante oferecer um lanche que seja culturalmente adequado. Alguns participantes podem trazer sua própria comida para contribuir, uma vez que partilhar o alimento com os outros pode ser uma parte importante de sua cultura. Ao arrumar as cadeiras, lembre-se de que o formato de círculo ou de ferradura geralmente é o mais apropriado, tanto culturalmente como sob o aspecto da comunicação. Desencoraje os participantes que quiserem sentar fora do círculo. O arranjo das cadeiras deve permitir que as pessoas possam sair da sala com o mínimo inconveniente, e sem ter de passar por uma pessoa com a qual estejam em conflito.

Fase 1. Abertura da Conferência

À medida que os participantes vão chegando, peça-lhes que se sentem onde desejarem, mas dentro do espaço arrumado para a Conferência.

Se a família manifestou que gostaria que a CGF começasse com uma **bênção** ou **prece**, inicie dessa forma, solicitando que a oração seja feita por um membro da família ou uma pessoa de apoio. Na Nova Zelândia, muitas vezes a bênção ou a prece é feita na língua materna da família, na forma adequada à sua religião ou cultura. Isso é muito importante porque demonstra seu respeito pelos valores da família. Um membro da família pode traduzir, se a prece for em uma língua que não seja entendida por todos. Em raras ocasiões, o coordenador pode ser solicitado a fazer uma prece ou proferir uma bênção em nome da CGF.

O próximo passo é começar as **apresentações**; caso não seja feita a prece ou recitada a bênção, esse é o primeiro passo. Lidere as apresentações começando por se apresentar. Diga seu nome e sua função oficial. Relate que é responsabilidade do coordenador facilitar a Conferência de Grupo Familiar e explicar o procedimento a todos após as apresentações. Peça então aos outros participantes que se apresentem, iniciando pela pessoa à sua esquerda (muitas culturas, mas não todas, seguem a direção horária em encontros que estão organizados em formato de círculo ou de ferradura).

Peça aos participantes para incluir em suas apresentações o motivo pelo qual estão ali. Pedir a eles que se apresentem ajuda a iniciar seu envolvimento no processo de uma maneira mais participativa do que se você fizesse as apresentações.

Uma vez terminadas as apresentações, **exponha resumidamente a função e legitimidade da CGF dentro do sistema judicial e o procedimento a ser seguido por esta CGF em especial.** Lembre aos participantes que o processo é flexível e que se precisarem de um tempo com privacidade, ou um intervalo, basta sinalizar ao coordenador. Deixe bem claro também que é responsabilidade do coordenador certificar-se de que os princípios que orientam o processo de justiça juvenil não fiquem comprometidos no decorrer da Conferência, ou nos acordos que serão estabelecidos. Após explicar os princípios e o processo, abra espaço para perguntas.

É fundamental informar aos participantes a respeito do que estão assumindo, mas a maior parte dessas informações já deve ter sido dada antes da Conferência aos participantes-chave. Esta visão geral no início da Conferência de Grupo Familiar deve durar em torno de 5 minutos.

Fase 2: Partilha de informações

Agora o foco muda para o comportamento ou ato lesivo. Na maioria dos casos isso começa pela **leitura do resumo** dos fatos pela polícia. Esse resumo estabelece os fatos em que se baseiam as acusações ou denúncia em potencial. Se as acusações forem negadas, a CGF não pode avançar e o caso deve ser encaminhado ou retornado para o juiz, que realizará uma audiência de defesa. As Conferências de Grupos Familiares só podem tomar decisões ou fazer recomendações se as acusações forem admitidas pelo ofensor ou provadas pelo tribunal. Mas o coordenador normalmente fica sabendo se o jovem irá negar as acusações antes de organizar a Conferência.

Em seguida, pergunte ao jovem se ele/ela entende as acusações e o que estas significam. Depois, pergunte se admite ou nega a autoria da ofensa. Deixe bem claro ao suposto ofensor (antes da CGF e durante a explicação do procedimento) que não deve admitir nenhuma acusação que não tenha certeza de ter cometido.

Depois de a criança ou jovem ter admitido a acusação, peça à vítima ou vítimas que **expliquem o impacto** que as ofensas tiveram sobre elas. Desde a pré-Conferência com a vítima, o coordenador já terá uma ideia sobre quais as perguntas que precisam ser feitas para trazer à tona sua história. Esclareça para a vítima que é importante para o jovem ofensor enxergar a sua raiva e dor, se for assim que se sente.

Muitas vezes as CGF lidam com várias acusações, o que significa que pode haver mais de uma vítima, ou que algumas vítimas escolheram participar enquanto outras se recusaram. Nessa situação, o coordenador precisa decidir se as informações trazidas pelas vítimas que não compareceram deveriam ser explicitadas nesse momento, ou se é melhor que as vítimas que estão presentes se manifestem primeiro. Tente perceber a linguagem corporal das vítimas. Se elas parecem estar à vontade, ou se dão a impressão de quererem falar, sempre peça que sejam as primeiras. Se derem a impressão de estarem hesitantes ou inseguras de compartilharem seus sentimentos, ofereça as informações das vítimas ausentes primeiro, tentando passar a ideia de sua raiva e dor, a fim de que as vítimas presentes possam se sentir mais à vontade para compartilhar seus sentimentos.

Depois de as vítimas terem compartilhado suas histórias, você pode resumir o impacto. Peça então à criança ou jovem que conte às vítimas por que cometeu as ofensas. Se necessário, ajude o jovem a compartilhar sua informação. Quando o jovem tiver concluído, pode ser útil fazer um resumo do que ele/ela disse. Você poderá também perguntar ao ofensor como se sentiu a respeito do que ouviu, e talvez até mesmo se tem alguma coisa a dizer à vítima. Por outro lado, poderá também esperar e ver o que surgirá após a reunião privada com a família.

Esse pode ser o ponto em que a vítima começa a fazer **perguntas** à criança ou jovem infrator. Se isso levar a um fluxo natural de conversação entre a vítima e o ofensor, aconselhamos que o coordenador reduza sua facilitação e deixe o diálogo predominar.

O primeiro objetivo da facilitação de uma CGF é estabelecer a comunicação entre as duas partes. Quando essa comunicação se esgotar naturalmente, você pode pedir à família do ofensor para relatar de forma resumida o modo como a ofensa os impactou. Peça também à família para que diga à CGF o que eles gostariam que os participantes presentes ouvissem a respeito das ações de seu filho/filha, ou outras declarações que queiram expressar, ou se há perguntas que desejem fazer. É muito importante que se desenvolva a comunicação entre as vítimas e a pessoa que cometeu a ofensa e sua família.

Os defensores dos jovens que participam das CGFs sabem que sua função não é adversarial e que estão presentes como apoiadores, para dar informações ou aconselhar, sem interferir no processo. Antes de a família passar para sua reunião privada a fim de refletirem sobre o plano, você pode perguntar a esses profissionais se eles têm alguma informação a mais que gostariam de compartilhar com a família do ofensor.

Fase 3. Reunião da família e deliberações

Depois de todas as informações relevantes terem sido compartilhadas, prepare-se para as deliberações da família. A família do ofensor tem o direito de reunir-se em particular a fim de discutir e construir um plano de reparação – e o coordenador deve oferecer-lhes essa oportunidade. Pode ser, porém, que eles optem por não se reunirem. Antes que isso aconteça, entretanto, pode ser útil fazer um resumo dos danos e impactos, bem como das questões preventivas que a família do ofensor precisará abordar. É necessário fornecer papel e canetas para a família usar no planejamento ou na apresentação do plano.

É nesse momento que a maioria das CGFs fazem um intervalo para o lanche. As deliberações da família muitas vezes acontecem mais naturalmente depois de um refrigério.

Como coordenador, certifique-se de observar o que ocorre nessa ocasião. Se os participantes ficam juntos, já se iniciou o processo de cura. Se a vítima e seus apoiadores prepararam seu próprio lanche e se reúnem em outra sala, pode ser sinal de que ainda não se sintam à vontade. A razão mais comum para a vítima não se sentir à vontade é a percepção de que não há demonstração de remorso por parte do ofensor.

É significativo conversar com a vítima nesse ponto da CGF perguntando-lhe como se sente a respeito da Conferência até esse momento. Quando temos a percepção de que o ofensor não demonstra remorso, é importante esclarecer para a vítima que uma criança ou jovem que comete uma ofensa muitas vezes não consegue demonstrar seu remorso antes da reunião particular com sua família para as deliberações. Explique por quê. Com muita frequência, o jovem entra no processo com seus mecanismos de defesa muito bem engatados. Mas, após ouvir a respeito do impacto que teve sobre a vítima, perceber sua raiva, sua dor, e depois de falar com sua própria família, ele/ela tem mais chance de baixar suas defesas.

A família do ofensor deve estar consciente de que, se desejarem, podem convidar qualquer um dos participantes da CGF para sua reunião a fim de responder perguntas. Isso acontece com frequência. Às vezes a família só quer saber se o plano que estão desenvolvendo será aceitável para a vítima antes de investirem mais tempo nele.

A reunião familiar oferece oportunidade para que:

- o ofensor e sua família discutam as questões de família e comecem a desenvolver um plano;
- a vítima e seus apoiadores conversem com o coordenador, policial e outros participantes a respeito de suas necessidades e opções.

Essas deliberações da família são uma parte muito importante do processo, por inúmeras razões. Em primeiro lugar porque a família tem chance de conversar em particular sobre as opções e recursos aos quais podem recorrer dentro da própria família. Pode ser que tenham relutado em colocar certo membro da família sob pressão na frente do grupo maior. Em particular, conseguem conversar sobre questões mais pessoais como comprometimento financeiro, ou pedidos pessoais de apoio da família extensa para cobrir carências de recursos, incluindo-se recursos de tempo que podem ser necessários para supervisionar partes do plano.

Muitas vezes a família tem de lidar com questões intrafamiliares antes de conseguir focar no estabelecimento de um plano para fazer frente à ofensa. Se os pais forem separados, o incidente pode sinalizar a necessidade de assumir novos compromissos como pais, ou decidir com quem o jovem vai residir enquanto for responsabilizado pela ofensa. Durante as deliberações, a família pode solicitar que o coordenador ou outro participante da Conferência junte-se a eles por um curto tempo a fim de responder a algumas perguntas.

As vítimas muitas vezes usam esse tempo para refletir com o policial a respeito do que gostariam de ver no plano e por quê. Isso é muito positivo, uma vez que o policial se sentirá mais confortável concordando com um plano que atenda às necessidades das vítimas. Também durante esse tempo, as vítimas podem conversar com seu próprio grupo de apoiadores e outros participantes da Conferência.

Quando a família do ofensor retorna de suas deliberações privadas, muitas vezes ocorre uma mudança no arranjo dos lugares onde as pessoas se sentam. Por exemplo, pode ser que o jovem agora prefira ficar junto de sua família em vez de separado deles.

Fase 4. O acordo

A família do ofensor costuma voltar para a Conferência com sugestões bastante variadas. Eles podem apresentar um plano abrangente ou uma lista de ideias iniciais, ou simplesmente uma declaração de que abordaram somente questões pessoais e agora desejam elaborar o plano com o grande grupo. É muito importante não fazer um julgamento sobre o que estiverem apresentado nessa altura dos acontecimentos. O mais comum é que a família leve um esboço do plano, mas deseje que o grande grupo a ajude nos pequenos detalhes.

Estimule a criança ou jovem que cometeu a ofensa a expor o plano. Há dois motivos principais para que seja assim. Se a criança ou jovem consegue apresentar o plano, o coordenador pode sentir razoável confiança de que essa criança ou jovem entendeu o processo. Outra razão é que isso tende a colocar o foco de volta na conversa entre o ofensor e a vítima, ou vítimas, que ocorreu antes da reunião familiar privada.

Depois que o jovem apresentou o plano elaborado junto com sua família, em seguida, sem interrupção, pergunte à vítima se esta gostaria de acrescentar ou remover algum item no plano apresentado. Faça isso de maneira que a vítima se perceba empoderada e sinta que tem o direito de contribuir para o plano. Evite questões que levem à resposta "sim" ou "não". Não pergunte à vítima se ela concorda ou discorda do plano, mas estimule a discussão do plano com perguntas abertas.

Depois de a vítima ter expressado seus desejos e de os detalhes terem sido discutidos com o ofensor e sua família, chega a hora de envolver os profissionais (policial e Defensor dos Jovens). É raro que o representante da polícia queira fazer modificações no sentido de retirar do plano um desejo da vítima, ou retirar algo que tenha sido oferecido à vítima. Pelo contrário, o policial tende a focar no interesse público. Quando os policiais conhecem quais são os interesses da vítima, sabem colocar esses interesses da vítima em alinhamento com os interesses da comunidade.

O próximo passo não é buscar a concordância com o plano, mas despender mais tempo para explorar como a família do ofensor entende esse plano. Um dos membros da família poderá expressar um desejo que não sabe como implementar. É muito importante que o coordenador não tome decisões, mas ofereça opções a partir das quais a vítima, assim como o jovem ofensor e sua família, possam fazer uma escolha. Por exemplo, a vítima pode dizer que gostaria de se manter informada sobre como a criança ou jovem está cumprindo o plano, mas o jovem não tem certeza de como atender a esse desejo. O coordenador pode sugerir que considerem várias alternativas, com graus de interação variados, indo desde uma carta à vítima escrita pelo jovem numa data próxima ao término do plano até fazer uma nova CGF para avaliar seu progresso.

Uma atividade conjunta para celebrar o sucesso no cumprimento do plano é uma maneira de celebrar o desfecho positivo de uma situação desafiadora em que todos estiveram envolvidos. A família do jovem que cometeu a ofensa pode convidar a vítima para ir à sua casa para um churrasco ou refeição como forma de celebração. Ideias assim podem constituir uma motivação adicional para que o jovem cumpra o plano até o fim.

> **Elementos essenciais no plano**
>
> - Deixar as coisas bem para a vítima (prioridade).
> - Devolver algo à comunidade.
> - Abordar as causas subjacentes da ofensa.
> - Garantir que a criança ou jovem tenha o apoio de que precisa para cumprir suas obrigações.

Assim que houver um esboço do plano, é importante examinar os itens para **ver se são factíveis**. Repasse o plano e certifique-se de que cada uma das decisões é mensurável e pode ser supervisionada. Cada item precisa ter um prazo para cumprimento, um responsável por garantir que será realizada, o que precisa ser feito e em que medida. Uma decisão que estabeleça trabalho comunitário poderia ser redigida da seguinte forma:

Trabalho comunitário

Roberto completará 40 horas de trabalho comunitário, com um mínimo de cinco horas completas por semana. A mãe de Roberto providenciará para que esse trabalho comece dentro de duas semanas junto ao asilo para idosos do Exército da Salvação. A verificação será feita por meio de uma carta do Exército da Salvação registrando as horas completadas. A carta será encaminhada ao monitor do plano.

Depois de esclarecidas todas as medidas a serem adotadas e escolhido o modo de mensurá-las, pergunte à vítima se ela concorda com o plano completo, conforme apresentado.

Pergunte então à família do jovem ofensor se concordam; em seguida busque a concordância da polícia. Se a vítima não estiver presente, comunique aos participantes que você fará contato com ela no dia seguinte para confirmar se o plano atende suas necessidades e desejos.

É importante perguntar ao jovem que cometeu a ofensa: "Você acredita que consegue cumprir esse plano?" Caso perceba hesitação no jovem, explore mais. Mesmo que ele/ela diga que sim, pergunte se acha que existe algum ponto no acordo que terá dificuldade de realizar por algum motivo. O objetivo é assegurar-se de que o jovem não está dizendo que sim simplesmente para evitar a pressão do momento. Se a preocupação do jovem for revelada, pode-se providenciar mais assistência para que consiga cumprir as partes nas quais acha que terá dificuldade. Se, por exemplo, o medo for de ficar em casa sozinho, ou ter de chegar em casa em determinado horário, verifique se o jovem poderia passar esse tempo com outro membro da família ou um amigo que o apoie.

Quando houver total concordância com o plano (que ocorre em 95% das CGFs), o jovem ofensor deve ser aconselhado a informar a polícia, assistente social ou representante da comunidade caso algo ou alguém o esteja impedindo de completar o plano.

Quando os participantes em dada Conferência não conseguem chegar a um acordo, temos duas maneiras de registrar tal resultado. Todavia, primeiro precisamos deixar bem claro que as negociações dentro de uma Conferência devem ser registradas "sem preconceito". Portanto, se não houver consenso em torno de um plano, o facilitador da Conferência deverá registrar simplesmente que a Conferência não chegou a um acordo. Não registre quais foram os pontos de vista de cada uma das partes.

> **O plano em 4 partes**
>
> 1. Questões sistêmicas
> 2. Reparação
> 3. Prevenção
> 4. Monitoramento

Entretanto, se os participantes alcançarem um acordo em relação à maior parte do plano, poderão concordar em registrar os pontos sobre os quais estão de acordo. O facilitador pode registrar que o acordo não obteve consenso em um ponto específico do plano. Por exemplo: "A Conferência não conseguiu fazer uma recomendação de como a questão deve ser tratada assim que o plano for concluído". Outro exemplo poderia ser: "A Conferência concordou que deve haver trabalho comunitário, mas não conseguiu chegar a um consenso quanto ao período de tempo". Registrando desta maneira, ficam claros para o juiz os pontos sobre os quais pode haver necessidade de arbitragem.

Fase 5. Encerramento da Conferência

Se o encontro iniciou com uma bênção ou prece, então, normalmente, deve ser encerrado com um ritual equivalente.

É bastante comum que os participantes permaneçam e conversem por alguns minutos após a conclusão da CGF, o que reflete claramente a habilidade do processo de unir as pessoas que estavam separadas por um conflito. Em muitos casos, as vítimas oferecem emprego aos ofensores, a fim de que consigam pagar pela reparação, mas permitindo que sobre dinheiro para o ofensor (por exemplo: metade de seu salário para pagar pela reparação e metade para seus gastos, até que a reparação seja totalmente quitada).

Em alguns casos, as vítimas socializaram com o ofensor para que este possa ter um novo grupo de amigos, ou o convidaram para ir à sua casa para fazer reparações. Não existe limite para o que pode ser colocado em um plano de reparação nas Conferências no contexto da lei neozelandesa – com duas exceções: o número máximo de horas de trabalho comunitário que pode ser estipulado é de 200, e a reparação ordenada pelo juiz fica limitada à perda real e não a perdas secundárias.

O PLANO

O formato do plano é importante. O melhor formato é aquele que for claro e agrupe os resultados nas áreas atinentes. **Todas as partes do plano, inclusive os prazos e expectativas, devem estar explicitados com clareza.**

Exemplo de Caso

Em uma das Conferências que facilitei, havia seis organizações representadas. Para que o plano fosse bem-sucedido, essas organizações precisavam trabalhar de forma colaborativa e garantir que os compromissos assumidos na Conferência fossem cumpridos.

O plano foi completado com êxito e uma carta para informar o resultado foi enviada a todos os participantes. Alguns dias depois, recebi um telefonema da vítima. Ele me disse que havia saído da Conferência achando que não daria certo. Apesar de o processo ter sido bom, ele sabia (tendo trabalhado sua vida inteira no serviço público) que a última coisa que um departamento do

> governo faz é trabalhar de forma colaborativa com outro departamento ou organização comunitária, e por causa dessa experiência ele achava que o plano fracassaria.
>
> O plano dependia de que quatro departamentos governamentais e duas organizações comunitárias trabalhassem em cooperação. Ele ficou muito impressionado vendo que o processo da Conferência teve a força de superar essas barreiras sistêmicas estabelecidas há tanto tempo.

Recomendamos o formato em quatro partes, conforme explicitado abaixo:

Parte 1: Questões sistêmicas

Especifique o que a Conferência está solicitando ao órgão competente: à polícia, promotoria ou juiz. Por exemplo, o plano pode estabelecer que o policial ou promotor concordará em não dar seguimento ao caso se o plano for completado com sucesso, ou que a Conferência recomendará que as acusações sejam levadas ao judiciário.

Se o caso for ser levado ou já estiver com o juiz, o plano pode recomendar como a questão deverá ser monitorada por ele. Por exemplo, poderia estabelecer que a Conferência solicitará ao judiciário a suspensão do processo até que o plano seja levado a cabo e que, caso completado com êxito, o processo poderá ser anulado ou excluído seu registro formal. Por outro lado, se o caso tiver sido encaminhado pelo juiz para pedir recomendações para sentenciamento, a Conferência poderia recomendar que na sentença fosse incluído o plano de reparação.

Parte 2: Reparação

Nesta parte se registram as decisões que tratam de como o ofensor "corrigirá a situação" para a vítima e a comunidade. Trata-se de decisões sobre reparação, restituição e trabalho comunitário, que permitem que a vítima veja claramente o que está sendo feito por ele/ela e mantêm a Conferência focada em seu objetivo principal.

Parte 3: Prevenção

Esta parte contém as determinações que abordam as causas subjacentes ao crime e que têm o objetivo de assistir o ofensor na manutenção das promessas que fez à vítima. Como exemplos, o plano pode incluir tratamento para o caso de problemas com drogas e álcool, terapia familiar ou acordos de supervisão.

Parte 4: Monitoramento

O monitoramento das decisões da Conferência de Grupo Familiar é tão importante quanto as outras partes do processo de CGF. Os adultos e/ou organizações que dão suporte ao plano devem ter a tenacidade de acompanhar o plano até a sua conclusão. Na maioria dos casos em que o plano fracassa, isto se dá porque os supervisores adultos falharam no acompanhamento.

O plano deve especificar quem irá monitorar o quê, a quem devem se reportar os ofensores e quais são os prazos determinados para cada fase do plano. A melhor maneira de alcançar o bom monitoramento é escrever atribuições específicas para cada parte individual do plano. Na seção final do plano, deve ficar registrado a quem a pessoa responsável pelo monitoramento se reportará à medida que cada parte for sendo concluída. Uma boa prática é também registrar com que frequência os monitores farão contato com o jovem para verificar seu progresso.

Vale a pena repetir: o monitoramento fica muito mais fácil se os resultados forem mensuráveis. Certifique-se de que o relatório explicita quem, quando, onde e quanto. O processo de monitoramento também ficará facilitado se for registrada a data de início e o prazo final para ser completada a tarefa do ofensor.

Evite registrar determinações que colocam como critério um adjetivo como "razoável" (razoável para quem?), e que estabeleçam outras exigências que não estejam bem claras, a fim de evitar debates sobre se o espírito do plano foi respeitado ou não.

Coloque tanta responsabilidade quanto possível no jovem ofensor e em sua família. Lembre-se de que um dos princípios é fomentar a habilidade da família de desenvolver seus próprios meios para cuidar da criança ou jovem que cometeu a ofensa.

Observe que, quando o jovem tiver completado o plano com sucesso, todos os participantes devem ser notificados. Se for prevista no plano uma reunião de encerramento ou uma celebração, ela deve ser realizada.

A FAMÍLIA EXTENSA

O processo de CGF funciona melhor quando conta com o apoio de membros da família extensa ou membros da comunidade dando apoio à família do ofensor. A seguir apresentamos algumas sugestões de como viabilizar que isso aconteça.

A **família extensa** deve ser sempre o primeiro recurso a ser considerado. Porém, alguns membros da família extensa não conseguem dar conta do que é necessário realizar. Isso pode acontecer devido a razões diversas, como idade, distância, doença, ou ao fato de que estão atarefadas demais lidando com outros membros da família. Por vários motivos, uma família pode precisar de ajuda externa, além de seus próprios recursos. Essa é uma circunstância que exige um aprimoramento do processo. Além desta situação, uma, ou as duas situações abaixo, podem também ocorrer.

A primeira é quando o procedimento acaba levando a família a expor seus pontos fracos para que todos vejam, resultando em vergonha, que é comprovadamente destrutiva, pois aumenta a sensação de fracasso dessa família. O resultado mais provável dessa exposição é que o jovem e sua família assumirão compromissos e farão promessas que se sentem obrigados a cumprir, sendo que nunca conseguirão fazê-lo. O processo poderia levá-los ao fracasso, sem benefício para ninguém.

A segunda é quando a Conferência faz concessões para viabilizar que as determinações sejam cumpridas. Nessa situação a vítima acaba pagando o preço dessas determinações menos produtivas. Uma família que mal consegue dar conta de suas despesas do dia a dia só pode concordar com um valor mínimo de reparação. Compare essa situação com um caso em que a família não só arcou com todo o custo da reparação, mas também deu um presente de mil dólares a cada uma das duas vítimas no prazo de quatro semanas. Esses valores foram levantados pela família extensa e sua comunidade através de eventos de venda de churrasquinho, mutirões para lavar carros e uma banca no mercado local. O jovem, por sua vez, ficou encarregado de ajudar o grupo a arrecadar fundos no ano seguinte. Neste caso a rede de apoio tornou possível para esse ofensor e sua família cumprir sua obrigação com a vítima – e ainda ir além.

Por todas estas razões, é importante ter uma rede que apoie as famílias dos ofensores. Essa rede precisa oferecer diversidade e possibilidades de escolha. Ela pode ser usada para distribuir o peso das obrigações entre os familiares no tocante a todos os aspectos do cumprimento do plano. Grupos comunitários podem providenciar vários recursos para ajudar na implementação e monitoramento do plano. Muitas vezes possuem serviços e programas que podem ser oferecidos à família; e, devido ao fato de terem o potencial de serem culturalmente adequados, também podem oferecer exemplos construtivos aos ofensores e suas famílias.

> Justiça restaurativa é um processo de construção de comunidade.

# 5

PARA ALÉM DA CONFERÊNCIA DE GRUPO FAMILIAR

Minha experiência em Wellington e em outros lugares demonstrou que as Conferências de Grupos Familiares são mais eficientes quando fazem parte de um esforço geral de toda a comunidade. Para tanto, é preciso que os grupos e organizações comunitárias não só sejam envolvidos nas Conferências e no seu acompanhamento, mas também no esforço para lidar com os padrões de contravenção dos jovens ofensores de forma geral.

O envolvimento de grupos comunitários como parte do processo geral da Conferência dá a esses grupos a oportunidade de trabalhar de forma cooperativa, o que aumenta sua eficácia, evita a duplicação de serviços e os capacita a providenciar um apoio "sem lacunas" para o jovem ofensor e sua família. Além disso, compreender os compromissos que o jovem e sua família devem cumprir muitas vezes reforça ainda mais a eficiência da organização comunitária.

Os custos das iniciativas comunitárias normalmente são pulverizados por toda a comunidade sem que pese para ninguém. A experiência tem demonstrado que, quando organizações comunitárias trabalham juntas no processo das CGFs, estabelecem relacionamentos que as capacitam a continuar trabalhando juntas e a usar seus recursos de maneira mais eficiente e sinérgica.

A CONFERÊNCIA DAS CONFERÊNCIAS

A eficácia desses grupos comunitários pode ser incrementada pela "Conferência dos resultados das Conferências". Os coordenadores que participaram de várias Conferências, juntamente com a polícia, com frequência conseguem enxergar os padrões e tendências comunitárias que estão levando os jovens a delinquir. Ao ajudar os grupos comunitários a se unirem para enfrentar esses padrões que contribuem para o crime, os coordenadores podem encabeçar o desenvolvimento das estratégias de prevenção.

> Em uma das Conferências, o facilitador pediu que eu fosse o apoiador da vítima, porque ele e sua mãe estavam sozinhos. O filho havia sido espancado brutalmente. Nem a vítima, nem sua mãe queriam participar da Conferência com o ofensor.
> Os membros da família do jovem ofensor, de origens diferentes, estavam em conflito entre si. Eles discutiam continuamente uns com os outros na frente dos participantes da Conferência. Quando chegou a vez da vítima falar, a mãe do jovem ofensor achou que seu filho estava sendo atacado verbalmente. O facilitador fez uma colocação apropriada para a mãe do jovem, e na sequência conseguiu que todos se acalmassem o suficiente para continuar.
> Mas depois que a família passou um longo tempo reunida em particular, houve uma grande mudança. A família do ofensor conseguiu trabalhar conjuntamente e criar um

> plano viável e justo. O jovem ofensor e sua família também se desculparam de forma muito sincera pelo que havia ocorrido com o filho da senhora. Eu me lembro da expressão relaxada e sorridente da mãe da vítima quando ela conversou com o facilitador e comigo após a Conferência, dizendo que tinha tido uma experiência de justiça e de esperança, e que agora ela e seu filho poderiam colocar esse incidente péssimo para trás e seguir adiante.
>
> — Observador anônimo

Os grupos comunitários que trabalham para corrigir as causas que levam à criminalidade, junto com os Agentes de Apoio a Jovens (Youth Aid Officers – a "polícia dos jovens") e o Coordenador de Justiça Juvenil, são responsáveis pelos impressionantes índices de redução da criminalidade juvenil em Wellington, num período de três anos e seguintes. Em Wellington, nós (Allan e outros colaboradores) conseguimos identificar os fatores comuns entre de jovens que eram responsáveis por 58% dos casos levados aos juízes em audiência.

Por exemplo, percebemos que a maioria dos jovens ofensores de origem maori não estava em contato com suas tradições e comunidade. Com tudo que aprendemos nas CGFs, conseguimos contribuir significativamente para que uma organização de serviço comunitário maori desenvolvesse um programa para minimizar os fatores que estavam contribuindo para levar os jovens a cometerem delitos. Conseguimos também levar informações a órgãos que disponibilizam recursos financeiros, explicando as razões por que seria importante que colaborassem para a iniciativa desse grupo. A proposta foi financiada e um programa de seis meses foi implementado. Os resultados dessa iniciativa bem focada foram impressionantes:

esse grupo de ofensores desapareceu totalmente das estatísticas criminais. O número de roubos de carro e furtos caiu drasticamente em Wellington no período dos seis meses do programa, e continua diminuindo.

Um outro exemplo de "conferência das Conferências" envolveu abordar o problema das "turmas". Os pais frequentemente descobrem que estão competindo com a influência exercida pelos amigos de seus filhos, e os planos que surgem nas CGFs também enfrentam esta dificuldade. Muitas vezes vi jovens que mostravam remorso e comprometimento genuínos, mas depois de algumas semanas percebia que esse comprometimento estava sendo abalado pelo grupo de pares. Percebi também que a maioria dos jovens desses grupos passavam pelas CGFs por ofensas semelhantes. Fui me dando conta de que não precisávamos esperar que diversos jovens fossem atendidos individualmente nas CGFs por ofensas semelhantes. Bastava três Conferências para que ficássemos sabendo quem fazia parte daquele grupo. Eles eram identificados principalmente pelas listas de não associação (as listas de jovens que os pais querem que seus filhos evitem), e que os pais traziam devido à influência negativa que acreditavam que aquela turma tinha sobre seus filhos.

Assim que tive informações suficientes a respeito das questões que contribuíam para levar os jovens a cometerem delitos dentro da comunidade, pedi às agências comunitárias apropriadas que se reunissem para uma série de encontros.

> Uma jovem de 13 ou 14 anos de idade de origem samoana-branca, que vivia nas ruas, tinha tentado furtar a bolsa de uma senhora. Na CGF para este caso havia em torno de 40 participantes. A menina estava obviamente desolada.

Assumiu uma posição encolhida e aturdida, e a tristeza que demonstrava fisicamente parecia permear a sala toda. Sua mãe samoana, com câncer de mama, estava na Austrália. O pai da menina, sua irmã casada e amigos adultos da família estavam presentes. Suas "tias", de origem samoana, compareceram, juntamente com sua comunidade cultural, incluindo idosos com muita dificuldade de locomoção. No entanto, estavam lá para apoiá-la.

Na CGF a reunião particular da família demorou muito tempo. Quando todos nos reunimos para ouvir sobre o plano que haviam formulado, o grupo incentivou a menina a apresentá-lo. Na volta ao círculo da Conferência, ela parecia outra pessoa fisicamente. Estava radiante. Ela não só apresentou o plano de maneira correta, como também todos que estavam presentes riram e brincaram. O grupo todo demonstrou cuidado genuíno para com essa linda menina. Foi uma bênção testemunhar o que aconteceu ali.

— Observador anônimo

Certa noite, depois do trabalho, acompanhei um facilitador a uma reunião em um centro cultural local. Antes do início da reunião, comemos e socializamos. Um jovem adulto aproximou-se e sentou ao meu lado. Apresentou-se. Durante nossa conversa, eu lhe contei que estava lá para estudar o processo da CGF. Ele comentou: "Ah, claro, já participei de algumas delas".

Então lhe pedi que me contasse a respeito dessas participações.

> Ele respondeu de maneira casual: "Foram CGFs para *mim*". Em seguida continuou elogiando o processo e disse que as CGFs tinham mudado sua vida por completo. Contou que agora fazia muito trabalho cultural, que tinha uma esposa maravilhosa e um filho, e um emprego do qual se orgulhava. Ao perguntar-lhe que tipo de emprego tinha, contou que trabalhava na área de serviços de manutenção de limpeza. Comentei que eu achava que ele havia encontrado o emprego certo. "Com certeza encontrei", foi sua resposta animada. "Trabalho em um McDonald's; faço toda a limpeza: mesas, chão, banheiros. Adoro o que faço". Ele fez com que eu sentisse que, com esse tipo de sinceridade e senso de autovalorização, ele provavelmente vai ser dono de algumas lojas McDonald's antes de se aposentar. Ele, que havia corrido com os lobos, agora corria com a vida.
>
> — Observador anônimo

As organizações com as quais quis me encontrar incluíam quatro ou mais grupos comunitários, a polícia e profissionais da educação. Relatei o perfil que havia levantado sobre o grupo de ofensores e facilitei o diálogo para que os grupos compartilhassem seu conhecimento a respeito. O procedimento do encontro seguiu praticamente os mesmos passos das CGFs: compartilhar as informações com os grupos comunitários, em seguida dar-lhes tempo para ponderar o assunto entre eles e preparar sugestões, e então iniciar a negociação facilitada para chegar a um acordo. Ao final do encontro tínhamos um esboço do plano. Peguei esse esboço e o transformei em um rascunho da proposta. Feito isso, reuni novamente as pessoas depois de os grupos participantes terem tido a chance de ler o meu rascunho. A partir do segundo encontro, consegui as informações de que necessitava para finalizar a proposta e obter o comprometimento do grupo.

O último passo consistia em obter os recursos extras que eram necessários para colocar as propostas num plano de ação. Foi muito mais fácil conseguir fundos para essa proposta do que normalmente costuma ser, porque nesse ponto já contávamos com o apoio do governo, das agências, da comunidade e da polícia.

Por meio dessa estratégia combinada com base na comunidade, nós tínhamos reunido apoio suficiente para que todo o grupo de jovens mudasse. Não foi preciso muito tempo para que os grupos de jovens começassem a se ajudar uns aos outros de maneira positiva; a influência negativa desapareceu e deixou de solapar os resultados das Conferências. Criamos também um programa para o qual podemos encaminhar jovens e suas famílias.

Dessa forma, os grupos comunitários ganharam mais recursos e experiência, tornando-se mais eficientes para as futuras Conferências de Grupos Familiares. Esse não é simplesmente um benefício a curto prazo, porque depois desse trabalho a reputação da organização melhora e as agências de financiamento de projetos ganham disposição para financiá--las. Como coordenador, posso advogar melhor em sua causa, porque consigo relatar suas conquistas de modo claro e apresentar estatísticas inegavelmente positivas. Os grupos comunitários também entenderam melhor quais serviços são necessários e como podem simplificá-los e torná-los mais acessíveis para os jovens. Isso levou a mudanças importantes na prestação de serviços, que têm se mostrado valiosos para o empoderamento das famílias – e também transformaram as organizações comunitárias em excelentes monitores para os planos da Conferência.

Num período de três anos, a criminalidade juvenil em Wellington teve uma redução de dois terços em relação ao número anterior. Em 1996, lidamos com 554 queixas. Em 1999, tivemos 174. Nesse mesmo período o número de Conferências solicitadas diminuiu de 160 para 78. Acreditamos que isso se deveu a três fatores principais: Conferências de Grupos Familiares eficazes; todo o trabalho realizado em estreita colaboração da polícia com o Coordenador de Justiça Juvenil, e a iniciativa colaborativa de base comunitária para lidar com as causas do comportamento delituoso.

A Conferência não é uma opção de responsabilização mais leve; foi introduzida na Nova Zelândia como justiça dura. E tem sido altamente bem-sucedida.

UMA HISTÓRIA

Organizei uma Conferência para um jovem refugiado. Ele chegou à Nova Zelândia com sua avó, que era sua cuidadora, e uma tia. A Nova Zelândia tinha recém começado a aceitar refugiados vindos do país desse jovem, e por isso não havia nenhum outro membro de sua família no país e, na verdade, muito poucos originários de sua cultura. Os três haviam chegado à Nova Zelândia só com o que podiam carregar. Sua única renda era um benefício pago pelo governo neozelandês, que só cobria alimentação básica e acomodação.

A acusação era séria: o jovem havia assaltado sua própria avó para pegar dinheiro. Ele subtraíra o dinheiro do aluguel, e a avó estava com medo do que aconteceria agora que ela não podia pagar ao dono do imóvel. Desesperada, contou o que havia acontecido à tia do menino, que por sua vez o denunciou à polícia.

A polícia encaminhou o caso para uma CGF sem apreender o jovem. Encontrei-me com a avó e a tia para pedir-lhes sua opinião a respeito do formato que a Conferência deveria seguir e, particularmente, sobre a orientação religiosa ou cultural que deveria orientá-la. Nesse encontro fiquei sabendo que a avó havia sido furtada em mais de uma ocasião pelo neto, e que não sabia a quem se dirigir para ser atendida.

Encontrei-me com o jovem para explicar-lhe o procedimento e ver se ele poderia identificar alguma pessoa para apoiá-lo. Ficou combinado que eu convidaria seu professor, mas estava claro que isso não seria suficiente. Fiz contato com duas organizações: Victims as Survivors e Refugee and Migrants Services Trust. Nenhuma dessas organizações estivera envolvida com a Conferência de Grupo Familiar, mas concordaram em participar e dar apoio. Pedi a uma das organizações para ser o apoio direto da avó, e à outra para ajudar o jovem a cumprir suas obrigações para com ela.

O passo seguinte foi organizar o encontro da avó com a organização apoiadora para que ela compartilhasse sua história com eles. Eles, por sua vez, a ajudariam a contar sua história na Conferência, a levariam até lá e a trariam de volta para casa em segurança. Também combinei para que o jovem se encontrasse com sua organização de apoio. Esta concordou em ajudar a desenvolver o plano a fim de corrigir a situação, e o apoiaria para que completasse o que fosse combinado.

A Conferência começou com uma prece em sua língua nativa, e todas as partes usaram intérpretes para garantir que todos compreendessem bem. A avó contou sua história com muitos detalhes, e assim o fez o jovem. À medida que o jovem começou a entender o impacto que ele estava causando na vida de sua avó, seus olhos encheram-se de lágrimas. O jovem terminou contando sobre sua vida no campo de refugiados antes de chegar à Nova Zelândia, todas as coisas a que ele teve de sobreviver, e como se sentia na nova comunidade, não conseguindo se socializar com os outros se não tivesse dinheiro. De forma muito clara, solidão, raiva e dor eram sentimentos compartilhados tanto pela avó como pelo jovem.

O plano que surgiu a partir da Conferência requeria que o jovem devolvesse o valor total que havia tirado da avó. Foi-lhe dado auxílio para encontrar um emprego de meio expediente. Todos concordaram que o jovem não poderia morar com a avó até que ela se sentisse segura com ele em casa. O plano também previu aconselhamento para que o jovem superasse a raiva que trazia de suas experiências do campo de refugiados. Encontraram um mentor que compartilhava sua cultura e que faria o acompanhamento para que cumprisse os prometidos e acertasse as coisas com sua avó. Para tanto, uma das exigências era que ele preparasse uma refeição para sua avó e fizesse um pedido de desculpas. Outro item do plano foi que realizasse trabalho comunitário e que comparecesse à escola todos os dias. Ele receberia ajuda para fazer seus deveres de casa.

O plano foi completado com sucesso. O jovem não cometeu outras ofensas e completou todos os itens do plano. O mais valioso de tudo, porém, foi que tanto o jovem como sua avó encontraram novos amigos e apoiadores que permaneceram com eles para muito além da Conferência de Grupo Familiar, ajudando-os a iniciarem sua vida na Nova Zelândia.

LEITURAS SELECIONADAS

Livros:

Hayden, Anne. *Restorative Conferencing Manual of Aotearoa New Zealand.* New Zealand: Dept. for Courts, 2001. (Pedidos podem ser feitos a Anne Molloy, anne.molloy@courts.govt.nz)

Brown, B.J. e F.W.M. McElrea, eds. *The Youth Court in New Zealand: A New Model of Justice.* Auckland, New Zealand: Legal Research Foundation, 1993. (Pedidos podem ser feitos a Jane Kilgour, atj.kilgour@auckland.ac.nz)

Galaway,Burt et. al., eds. *Family Group Conferences: Perspectives on Policy and Practice.* Monsey, NY: Criminal Justice Press, 1996

Internet:

http://www.iirp.org/library/fgcseries01.html.

http://www.iirp.org/library/fgcseries02.html

http://www.restorativejustice.org

Livros sobre justiça restaurativa:

Consedine, Jim. *Restorative Justice: Healing the Effects of Crime*. New Zealand: Plowshares, 2nd edition, 1999.

Johnstone, Gerry. *Restorative Justice: Ideas, Values, and Debates*. UK: Willam Publishing, 2002.

Zehr, Howard. *Trocando as lentes: um novo foco sobre o crime e a justiça*. São Paulo: Palas Athena Editora, 2008. Edição atualizada e ampliada em 2018: *Trocando as lentes: Justiça Restaurativa para o nosso tempo*.

Zehr, Howard. *Justiça Restaurativa*. São Paulo: Palas Athena Editora, 2012. Edição revisada e ampliada em 2016.

Agradecimentos

Desejo agradecer a todos aqueles que nos ajudaram no trabalho refletido neste livro. Primeiramente, quero agradecer ao povo maori, particularmente àqueles envolvidos com serviços à comunidade Kahungunu Ki Poneke e ao Mokai Kainga Maori Centre. Sua orientação e apoio aos jovens sempre me inspiraram.

Agradeço ao Wellington Youth Aid Service [Serviço de Auxílio a Jovens de Wellington] da Polícia da Nova Zelândia por trabalhar em parceria com a minha função; isso viabilizou desenvolver o melhor modelo de prática disponível em todo o país. A sua participação nas Conferências de Grupos Familiares e seu comprometimento com os planos que foram elaborados no processo contribuíram de maneira substantiva para o sucesso do projeto.

Agradeço à Juíza Henwood que permitiu que se colocasse em prática essa metodologia, e deu o necessário incentivo para fazer com que o modelo de trabalho florescesse em Wellington por meio da parceria, coordenação e cooperação.

Por fim, agradeço à KPMG Consultoria que reconheceu e promoveu a importância do projeto em Wellington. Conferiram ao modelo o National Supreme Award for Innovation [Prêmio Nacional Supremo de Inovação] que homenageou a todos os que participaram de seu desenvolvimento.

— Allan MacRae

Queremos agradecer também às seguintes pessoas pelas sugestões em vários rascunhos do manuscrito que originou este livro: Dee Tompkins, Carl Stauffer, Bonnie Price Lofton, Jarem Sawatsky, Rita Hatfield, Jessalyn Nash e Juiz F.W.M. McElrea. Porém, apesar de todo o feedback, assumimos total responsabilidade pelos pontos de vista e por qualquer imprecisão que possa existir neste livro.

— Allan MacRae e Howard Zehr

APÊNDICES –
PESQUISA E ESTATÍSTICA

PESQUISA NACIONAL

Em junho de 2003, o pesquisador neozelandês Gabriel Maxwell publicou os resultados de um importante projeto de pesquisa que acompanhou 1003 jovens da Nova Zelândia que passaram por CGFs em 1998, com dados adicionais de outros casos. A seguir estão resumidas algumas conclusões desse estudo:

- O número de casos que foram para a Vara da Juventude teve uma queda drástica a partir da introdução da Lei de 1989. De 600 dentre 10.000 casos em 1987, para em torno de 250 dentre 10.000 casos em 2001.

- Os casos resultando em perda de liberdade dos jovens também diminuíram significativamente: em torno de 300 em 1987, para menos de 100 em 2001.

- Quase todas as CGFs (90%) continham medidas para assegurar a responsabilização do jovem ofensor, e em mais de 80% dos casos as tarefas exigidas foram completadas com sucesso. 80% dos planos de responsabilização incluíam a reparação do dano que havia sido causado.

- Aproximadamente metade dos planos incluíram medidas para melhorar o bem-estar do jovem de forma reintegrativa e/ou reabilitativa.
- Os objetivos do processo – garantir que as pessoas adequadas (incluindo vítimas e famílias) participassem, e que houvesse construção de consenso – parecem ter sido amplamente atingidos. Nem todas as vítimas participaram, mas o fator principal foi porque nem todas escolheram participar.
- Desde que participaram de uma CGF, a maioria dos jovens conseguiu estabelecer objetivos positivos e alcançá-los, embora alguns tenham continuado a ter experiências negativas e voltaram a cometer delitos. Outra pesquisa citada sugere que os resultados seriam ainda mais positivos se mais programas de boa qualidade fossem oferecidos como acompanhamento das Conferências.
- Nos anos após a introdução da Lei de 1989, o sistema de justiça juvenil continuou a crescer em força e vem se tornando mais restaurativo. Como parte disso, a polícia vem desenvolvendo suas próprias práticas diversórias que refletem a filosofia restaurativa em vez da filosofia punitiva. De maneira semelhante, as Varas da Infância e Juventude parecem ter ficado mais inclusivas. As vítimas com frequência sentem-se mais positivas em relação à justiça do que em anos anteriores. Programas reintegrativos e reabilitativos também estão sendo oferecidos aos jovens ofensores.

Ao mesmo tempo, ainda existe espaço considerável para aprimorar a prática, por exemplo, aumentando a participação e consenso ao abordar questões culturais e reduzindo a dependência em relação às Varas da Infância e Juventude.

"A pesquisa demonstra que a natureza do processo de justiça juvenil afeta, de fato, determinações importantes para os jovens: tanto em termos da redução da reincidência quanto do aumento da possibilidade de outros resultados de vida positivos. As práticas restaurativas que incluem empoderamento, reparação do dano e resultados reintegrativos, fazem uma diferença positiva, ao passo que o grau de envolvimento no sistema de justiça criminal, com determinações severas e retributivas bem como vergonha estigmatizante, têm efeitos negativos".

— Gabriel Maxwell
Junho de 2003

BENEFÍCIOS DAS CONFERÊNCIAS DE GRUPOS FAMILIARES

Para vítimas

As vítimas que participam das CGFs têm a chance de falar para seus ofensores sobre o impacto que os delitos tiveram para elas. Ao se encontrarem com os ofensores elas têm uma melhor compreensão sobre o que aconteceu e por quê. Também têm a oportunidade de identificar aquilo de que necessitam para que as coisas fiquem bem. Da mesma forma como acontece em programas de justiça restaurativa em outras partes do mundo, quando um acordo é realizado através de uma Conferência a reparação obtida para as vítimas é melhor se comparada com as reparações determinadas simplesmente por ordem judicial. As vítimas com frequência acham que seus ofensores são menos intimidativos depois de conhecê-los, levando-as a ter maior sensação de segurança. Muitas vezes as vítimas são apresentadas a apoiadores de que não tinham conhecimento anteriormente, ou até que fossem informadas de seus direitos como parte do procedimento da Conferência. De maneira geral, o envolvimento no processo da CGF contribui para a sensação de empoderamento das vítimas.

Para o/a jovem infrator

Além de ter uma melhor compreensão do impacto que seu comportamento teve, o/a jovem tem a oportunidade de reconquistar o respeito, desenvolver-se sob a orientação de adultos que lhe sirvam de modelo, bem como manter e potencializar as habilidades necessárias para viver com sucesso no seio da comunidade. As CGFs podem oferecer oportunidades para que o/a jovem participe de grupos de pares mais positivos e se vincule à sua comunidade cultural, recebendo seu apoio e orientação. Os apoios culturais se mostraram os mais eficazes para ajudar a criança ou o/a jovem a cumprir suas obrigações para com a vítima.

Para a família do jovem ofensor

A família pode receber apoio para ser mais eficiente, tanto com a criança ou jovem que cometeu a ofensa como com os outros irmãos. A família tem a chance de remover a vergonha e a sensação de fracasso que derivam da ofensa cometida por um membro de sua família. Muitas vezes, a família ganha redes de apoio a longo prazo. Famílias isoladas podem ser conectadas às suas comunidades culturais e residenciais.

Para a comunidade

O processo da CGF traz informações que podem empoderar a comunidade para que ela mesma consiga lidar com as questões que contribuem para a ocorrência de ofensas dentro dela. As CGFs promovem relacionamentos mais próximos e eficazes entre as agências governamentais e comunitárias. O procedimento da CGF oferece respostas menos onerosas. Na Nova Zelândia, foram poupados milhões em casos de custódia e custas judiciais. O processo dá à comunidade uma oportunidade de maior envolvimento, permite que os membros da comunidade sejam reconhecidos como vítimas e proporciona uma maneira de a própria comunidade assumir a responsabilidade que lhe cabe pelos seus membros.

Para a polícia

O processo de CGF empodera a polícia a buscar decisões mais adequadas. Ali eles conseguem informações substancialmente mais completas sobre a comunidade em que atuam, o que faz com que estejam mais bem preparados para usar seus recursos de maneira mais eficiente. As Conferências de Grupos Familiares ajudam os policiais a construir um relacionamento mais efetivo com os jovens, suas famílias e a comunidade, bem como a serem mais respeitados por aqueles com quem interagem em seu trabalho.

MODELO DE PROPOSTA PARA ABORDAR GRUPOS DE PARES

A seguir apresentamos um esboço de proposta básica para abordar questões com grupos de pares. Ela foi desenvolvida para abordar as causas subjacentes de comportamentos inadequados entre os jovens de um grupo específico em Wellington. Nem todos haviam sido acusados de delitos, mas alguns sim, e tínhamos a forte suspeita de que todos estavam envolvidos nas mesmas atividades.

Previmos que veríamos esses jovens continuando a ser acusados por ofensas maiores, mas uma vez que essa proposta foi sancionada, nenhum deles foi convocado para outra Conferência, nem teve de comparecer a uma audiência nos três anos seguintes em que estive em Wellington. O projeto custou 14.000 dólares neozelandeses. O programa funcionou porque identificou necessidades e combinou os recursos por meio de um processo de Conferência ampliado. **Esse programa foi construído levando em consideração as necessidades de um grupo específico, ao invés de forçar o grupo a se adequar às necessidades do programa.**

A. **Questões que foram abordadas na proposta:**
   1. Abuso de drogas e/ou álcool.
   2. Estar fora do sistema de educação; absenteísmo escolar.
   3. Pouca ou nenhuma rede de comunicação na comunidade; sentimento de não se sentir parte de sua comunidade ou cultura.
   4. Exemplo de um adulto: nenhum modelo, ou modelo inadequado
   5. Raiva vinda do sofrimento de algum tipo de trauma, principalmente abuso físico ou mental.

B. **O plano para os jovens maoris incluía:**
   1. Trabalho em grupo para abordar o abuso de álcool e drogas
   2. Aprender canções e danças tradicionais maori.
   3. Programa de aprendizagem de habilidades para a vida, incluindo a busca pela independência.
   4. Atividades que os coloquem em contato com as pessoas de apoio nas suas comunidades imediatas e também com sua cultura.

5. Aprender a controlar a raiva.
6. Aulas de direção dadas pela polícia.
7. Curso de Primeiros Socorros, patrocinado pela polícia.
8. Apoio, assistência e educação para os pais.

C. **A proposta tinha os seguintes objetivos:**
1. Todos os jovens deviam estar inscritos na educação formal, ou empregados ao final de seis meses.
2. O grupo devia participar das celebrações da Igreja Ratana, cuja celebração se dá em total consonância com a tradição maori. Esse objetivo demandou muitas horas de ensaio e prática.
3. Os jovens completariam uma viagem de três dias de canoa para celebrar a conquista dos objetivos acima.

TIPOS DE CGFS NA NOVA ZELÂNDIA

Há quatro tipos de CGFs para jovens ofensores.

- **Conferência de Intenção de Denúncia.** Nesse tipo de Conferência, a polícia decidiu que está preparada para fazer a acusação, mas o jovem não está preso. A Conferência explora os recursos disponíveis e examina o caso para ver se pode ser abordado sem ir para audiência. Se for acordado que o caso deva ser tratado no sistema de justiça formal, a Conferência recomendará que a polícia formalize a acusação (encaminhe para audiência). Se a Conferência não conseguir chegar a um acordo, a polícia estará livre para levar o caso à justiça formal.

- **Conferência de Custódia.** Acontece automaticamente quando o sistema de justiça coloca em custódia um/a jovem que negou autoria do delito. Essa Conferência tem o objetivo de explorar quais são as outras opções além da custódia. Se for acordado que o/a jovem deve permanecer em custódia, a CGF decide em que tipo de programas o jovem deve ser incluído durante o tempo da custódia. Esse tipo de Conferência ajuda a assegurar que as famílias tenham voz na decisão do que vai acontecer com o/a jovem.

- **Conferência sem Negação da Acusação.** Quando um/a jovem comparece à audiência pergunta-se se assume responsabilidade pelo que ocorreu. Geralmente a resposta é dada através da defesa do/a jovem, um advogado indicado pelo juízo, que dirá que não há negação da acusação. Esta afirmação não constitui confissão formal de culpa. Nesses casos, o juiz encaminhará o caso para uma CGF que fará as recomendações a respeito de como se lidará com a acusação. A Conferência pode chegar a um acordo de que as acusações sejam retiradas, fazendo com que o/a jovem complete um plano enquanto estiver em detenção preventiva, com ou sem fiança, e/ou dispensar as acusações como se nunca tivessem sido apresentadas ao sistema judicial. Por outro lado, a Conferência pode recomendar ao juiz o que determinar e quais os planos para que sejam cumpridas essas determinações. A Conferência poderia também recomendar que as acusações sejam retificadas para refletir o incidente de maneira mais precisa. Em acusações muito graves, a Conferência também recomenda em que jurisdição o processo deve ser julgado – Vara da Juventude ou Vara Distrital (adultos).

- **Conferência de Acusação Provada.** A corte indica essa Conferência depois de uma audiência em que o jovem foi considerado culpado. Na Nova Zelândia, a Conferência deve ocorrer antes que um juiz determine medidas ou sentencie o jovem. Isso se aplica a todos os tipos de acusação, salvo assassinato e homicídio culposo. A Conferência se reúne para fazer recomendações à corte a respeito da sentença ou de penas alternativas.

Posfácio à edição brasileira

É uma honra e um privilégio ter sido convidada a escrever o posfácio para esta edição da obra de coautoria do meu falecido marido, Allan MacRae, e seu mentor e amigo Howard Zehr. Allan faleceu em 26 de janeiro de 2015, poucas semanas antes de completar 65 anos. Durante o curso de sua doença, com muita coragem e determinação, com esperança de sobreviver, ele continuou se dedicando à família e ao trabalho que tanto o inspirou: a justiça restaurativa.

Allan formou-se em Serviço Social pela Victoria University, em Wellington. Trabalhou na Secretaria da Criança, Adolescente e Família durante 34 anos, primeiramente como assistente social de campo e depois como assistente social residente sênior em Auckland do Sul. Começou a imprimir sua marca ao propor emendas à Lei das Crianças, Jovens e suas Famílias. Em seguida, passou a supervisionar a Unidade de Segurança quando da implementação da nova Lei de 1989. Pouco depois, assumiu o papel de Coordenador de Justiça Juvenil em Wellington e recebeu o Prêmio Nacional Supremo de Inovação, juntamente com Tony Moore, do Departamento de Polícia, por seu modo inédito de lidar com os jovens fora do sistema formal de justiça. Essa abordagem criativa transformou-se no modelo principal para a justiça juvenil.

Eu era Mediadora de Justiça Juvenil em San Luís Obispo, Califórnia, e facilitava encontros entre jovens e suas vítimas quando conheci Allan MacRae e Howard Zehr. Porém, esses primeiros encontros não foram presenciais. Certo dia encontrei um livrinho escrito por Zehr sobre minha mesa de trabalho. Embora fossem poucas páginas, me inspirava a cada vez que o lia, e eu o relia com frequência. De alguma forma, a leitura me deu forças e coragem para usar os métodos que aprendi ali, e tive a sensação de que não havia como errar se eu seguisse as orientações. Pouco depois, fiquei sabendo do trabalho que uma pessoa estava fazendo na Nova Zelândia. Meu colega foi até lá para saber mais a respeito dos métodos e resultados. Em seguida, apareceu um panfleto na minha mesa. Um senhor daria uma capacitação em Justiça Restaurativa durante três dias em Santa Bárbara, Califórnia, não muito longe de onde eu morava; e o instrutor era da Nova Zelândia. Implorei ao meu chefe para que nos mandasse fazer a capacitação. A experiência mudou minha vida. Algum tempo depois fui à Nova Zelândia e conheci Allan MacRae. Começamos um relacionamento à distância e acabei mudando para lá, quando Allan me pediu em casamento. Tive também a sorte de conseguir trabalhar como Coordenadora de Justiça Juvenil naquelas terras e descobri que encontrara o que sempre tinha buscado.

Pude testemunhar a essência e a natureza transformadora das Conferências de Grupos Familiares (CGF) – uma oportunidade para conversas entre os membros das famílias que vivem juntos a vida toda, mas nunca falam sobre determinados assuntos. Ali as famílias ouvem coisas que podem lhes dar uma nova compreensão dos fatos. Com muita frequência, essas conversas trazem à tona lembranças perdidas de tempos difíceis ou afirmações ásperas que arrasaram sentimentos e também vidas inteiras. Coisas que nunca haviam sido ditas antes, repentinamente vêm à tona no encontro e, finalmente, surgem algumas respostas, pois na CGF todos se sentem num espaço seguro o suficiente para falarem a verdade.

Na Nova Zelândia, conheci a justiça maori. Há gerações o povo maori faz seus encontros restaurativos nas *marae* (um lugar sagrado, comunal) e ainda hoje se encontram assim. Na tradição maori fala-se de Três Cestas de Conhecimento:

Conhecimento Sagrado (*kete Tuauri*), a cesta que contém o conhecimento do desconhecido: preces, rituais e encantamentos.

Conhecimento Ancestral (*Te kete Tuatea*), a cesta que contém o conhecimento além do espaço e tempo, a experiência de conexões interpessoais, com o passado e com o conhecimento de realidades espirituais.

O Conhecimento Antes de Nós (*Te kete Aronui*), a cesta que contém o amor (*aroha*), a paz, as artes e os ofícios que beneficiam a terra e todos os seres vivos.

A justiça maori busca a cura tanto para a vítima como para o ofensor. Esse povo acredita que uma ofensa contra outra pessoa é uma violação da qualidade potencial ou sagrada (*tapu*) dela, o que também afeta toda a família da vítima (*whanau*) e toda a família do ofensor. Vergonha e necessidade de restauração também fazem parte da justiça *marae*.

Possibilidades restaurativas de reparação e reflexão podem levar as conclusões de uma conferência a um novo patamar, por meio de uma abordagem respeitosa que busca deixar as coisas "o melhor possível". A elaboração de um plano para seguir em frente – com uma lista do que precisa acontecer, dentro de um prazo factível, tendo uma pessoa responsável por esse processo – pode ser de grande ajuda para deixar as coisas o melhor possível na conclusão da conferência.

Um dos apoiadores mais fervorosos das Conferências de Grupos Familiares é o juiz Andrew Becroft, que é também Comissário da Infância e Juventude da Nova Zelândia [equivalente ao Procurador-Geral da República para assuntos da Infância e Juventude. N. da T.]. Há muito tempo ele está comprometido com uma abordagem especializada para jovens transgressores e também com a defesa das questões juvenis. Diz o juiz Becroft: "Usado adequadamente, acredito que o processo da CGF tenha em si as sementes de genialidade. Não podemos perder de vista esta visão alcançável".

As reflexões do juiz Becroft foram novamente registradas em dezembro de 2017, quando ocorreu uma reforma legislativa da Lei Oranga Tamariki de1989. Ele fez uma apresentação com o título: "Conferências de Grupos Familiares: continuam sendo um presente para o mundo?". Em suas observações, confirma: "A reforma da Lei Oranga Tamariki de 1989 apoia-se no fundamento legislativo de um cuidado e proteção visionários dentro do sistema de justiça juvenil. A CGF preserva sua centralidade".

A última frase, apesar de curta, reforça o poder de tudo em que as Conferências de Grupos Familiares se apoiam: cura, responsabilização, camaradagem familiar em que um apoia o outro, respeito pela vítima e sua experiência de dano, sofrimento e dificuldades. Numa CGF todos merecem ser ouvidos – e todos são ouvidos. Não existem atalhos para a redenção, mas a CGF nos dá a todos a experiência de sermos "uma família humana trabalhando junta enquanto pessoas comuns", todos ligados pela má conduta de um membro que causou dor e sofrimento a outros, e pelo dever de todos de consertar a situação.

Quero agradecer a todos vocês, brasileiros, pela oportunidade de escrever este texto. Que possamos aprender mais com vocês sobre como avançar para o futuro com os corações abertos para ajudar a curar uma criança, um adolescente, um homem ou uma mulher que tenham sofrido pelas ações de outros. E para aqueles que necessitem de perdão, que possamos lhes dar oportunidades de ouvir e ver o dano que infligiram aos outros, em primeira mão e através desse processo de mediação, como forma de perceberem que todos somos humanos e que necessitamos uns dos outros neste mundo para que se torne um lugar seguro e gratificante de viver.

Saber que as pessoas do Brasil terão a oportunidade de testemunhar esse tipo de cura e perdão é uma bênção para todos nós.

Rita MacRae
2019

Sobre os Autores

Allan MacRae foi Gerente de Coordenadores da Região Sul da Nova Zelândia, supervisionando Conferências de Grupos Familiares, tanto para a Justiça Juvenil como para o Serviço de Proteção a Crianças. Anteriormente, foi Coordenador da Justiça Juvenil em Wellington, capital do país.

Após receber o National Supreme Award for Innovation, Allan desenvolveu um programa em Wellington, que se tornou o modelo mais usado na Justiça Juvenil. Subsequentemente, foi o instrutor mais importante no programa "Best Practice Road Show" [Melhor Prática na Estrada], elaborado para levar essas práticas a outras áreas da Nova Zelândia. Além disso, também capacitou inúmeros grupos na Bélgica, Tailândia e nos Estados Unidos.

Allan graduou-se em Serviço Social pela Victoria University e acumulou mais de 23 anos de experiência no trabalho com jovens ofensores e jovens em situação de risco social.

Howard Zehr é considerado fundador do campo da Justiça Restaurativa. Ministra palestras, capacitações e é consultor internacional, inclusive na Nova Zelândia. Seu livro *Trocando as lentes: um novo foco para o crime e justiça*, publicado pela Palas Athena Editora, 2008, São Paulo, é considerado um clássico nessa área.

Outras obras suas incluem: *Doing Life: Reflections of Men and Women Serving Life Sentences; Transcending: Reflections of Crime Victims;* e o pequeno livro desta mesma série, *Justiça Restaurativa,* publicado pela Palas Athena Editora em 2008, São Paulo. Atua como codiretor de Pós--Graduação no Center for Justice and Peacebuilding [Centro de Justiça e Construção de Paz] na Eastern Mennonite University (Harrisonburg, Virginia, nos Estados Unidos).

Em 2003 recebeu o Annual PeaceBuilder Award – Prêmio Anual de Promotor da Paz – apresentado pela New York Dispute Resolution Association [Associação Nova-Iorquina de Resolução de Disputas] e o Prêmio de Justiça Restaurativa da organização Prison Fellowship International, "pela relevante contribuição ao avanço da Justiça Restaurativa no mundo".

Howard graduou-se pelo Morehouse College e doutorou-se pela Rutgers University.

Texto composto em Versailles LT Std.
Impresso em papel Pólen Soft 80g na Bartira Gráfica.